平凡社新書
489

「論語」に帰ろう

守屋淳
MORIYA ATSUSHI

JN264957

HEIBONSHA

「論語」に帰ろう●目次

プロローグ――日本人を育んだ『論語』

日本人の常識は『論語』にあり

『論語』とは、われわれ日本人がぜひとも知っておくべき古典の一つに他なりません。なぜなら『論語』を知ることは、われわれ日本人の「無意識の思い込み」を理解することに直結するからです。

具体的な例を一つ挙げてみましょう。

ある企業の社長さんが、日本と中国とのビジネスを比較して、こんなボヤキを口にしていました。

「日本と中国とを比べると、中国の方がよっぽど能力主義なんですよ。

僕は社長といっても三十代で、外見も中身もまだまだ若いんだけど、日本の業界の集まりに行くときは、『お前みたいな若造が何しに来た』って顔されて、いつもひどい扱いを受けるんです。

ところが中国に行くと、『あなたみたいに若い人が社長をやられている、ということはよっぽど優秀なんですね』ととても尊敬してくれる。日本は全然、能力で見てくれないんだなと思っちゃいますね」

日中のお国柄の違いを見事に示した指摘ですが、ではなぜ、多くの日本人——特に業界の高齢者たち——は、年配者でないと社長にふさわしくない、と頭から思ってしまうのでしょう。

そう無意識に感じさせてしまう縛りとなっているのが、実は『論語』の教えなのです。

○親を大切にし目上を敬《うやま》う人間が、上の者に逆らうことはめったにない。上の者に逆らわない人間が組織の秩序を乱すことはありえない。〈その人と為《な》りや、孝弟《こうてい》にして上《かみ》を犯すを好む者は鮮《すく》なし。上を犯すを好まずして乱を作《な》すを好む者は、未《いま》だこれあらざるなり〉『論語』学而《がくじ》篇組織のなかでは「まず目上を立てる」ことが重要、そうすれば波風立たずにうまくいく――この発想が、日本のビジネス風土にいまだ根強く残り、文化的な縛りになっているわけです。この点、意外なようですが、『論語』を生んだはずの中国では、ドライな能力主義がビジネス上では定着しているのです（ただし、家族や血縁関係の方では、目上を立てる文化を中国が維持している一方、日本ではかなり崩れてきているとも言われています）。

もちろん、この「目上を立てる」という考え方には、なぜそうすべきなのか、というきちんとした根拠が存在しています。要は、『論語』の主人公ともいえる孔子が活躍した時代では、その方が有効だったのです。しかし、時代がかわれば、能力主義の方が良い状況、両者を折衷《せっちゅう》した方が良い状況なども、当然、発生してきます。

われわれが「これは当たり前だ」「常識だ」という思い込みの内実を知る重要さの一つが、ここにあるのです。

つまり、ある考え方に無意識に縛られているだけでは、人はその奴隷に過ぎません。思考の柔軟性や臨機応変さがまったく生まれてこないのです。

一方、「なぜ目上を立てるべきなのか」といったように、自分がとらわれている考え方の筋道を理解していくと、それを活殺自在《かっさつじざい》の道具にすることも可能になってきます。必要な状況であれば「目上を立て」、局面が変われば「能力主義」をとり、「両者の折衷」も視野に入れてみるといったように……。

日本の常識の本流であり続けた『論語』を知ることは、この意味で、われわれを無意識のくびきから解き放ってくれる——そんな効果を期待できるのです。

なぜ武士は貧乏だったのか——品性の由来

もう一つ、『論語』という古典が、われわれ日本人の内部を育むことに関わってきた重要な点があります。

それは、言うなれば「格好良さ」をどう考えるのか、一言でいえば「品性」の感覚なのです。

この点で、象徴的ともいえる日本人への評価がありますので、まずそれをご紹介しましょう。

私は世界をいろいろと航海してきたが、欧州においてさえ、日本人のように落ち着いた華麗さと威厳を持った国民に出会ったことがない。（『伝記 ペリー提督の日本開国』

（サミュエル・エリオット・モリソン、座本勝之訳、双葉社）

この、耳がこそばゆくなるような褒め言葉を書いたのは、誰あろう一八五四年に日本と和親条約を結んだペリー提督でした。

ではなぜ、当時の日本人がこんな「格好良さ」「品性」を身につけられたのでしょう。その背景には次のような事情があります。

江戸時代は、最盛期で一万五千といわれる寺子屋や、二百五十校を超える藩校があり、当時の日本人の識字率は世界一ともいわれているレベル。そして、そこで学ばれていたのが『論語』や儒教系の古典でした。これら古典に描かれた、理想の人物像（これを君子といいます）を当時の日本人たちが目指した努力の結果が、このペリーの絶賛に繋がったわけです。

ちなみに、このときの儒教教育の余波は、現代の意外なところにも影響を及ぼしています。それが、現代の日本における社長の給料の安さなのです。

二〇〇八年の世界的な金融危機のとき、アメリカのＣＥＯ（最高経営責任者）の年俸の高さが驚きをもって報道されました。会社を破綻させた責任者たちにでさえ数億〜数十億円、一般社員と比べれば、数百倍の年俸や退職金が平気で払われていたのです。

ところが、日本企業の社長の年俸はせいぜい数千万円、新入社員との年収差でいえば十倍からせいぜい三十倍程度なのです。筆者の知人の上場企業の社長は、アメリカの経営者の高額年俸の話になると「あんなに貰っても使いようがないけど、うらやましいなあ」と冗談交じりに、よく口にしていました。

もともと『論語』では、人の上に立つ人間は、利益を追い求めるべきではないという考え方が強調されています。

○行動に際して、義を優先させるのが君子、利を優先させるのは小人《しょうじん》である。〈君子《くんし》は義に喩《さと》り、小人は利に喩る〉『論語』里仁《りじん》篇

これが江戸時代に、武士のモラルとなり、やがて日本人に「偉い人間は、高額報酬を追い求めるべきではない」という風潮や空気を作り出していったのです。

この点で、面白い話があります。

海外で、日本の江戸時代を専門に研究している学者さんが一様に驚くことがあるそうで

す。それは、権力を握っていたはずの武士階級が贅沢をせず、どちらかといえば貧乏だったという事実なのです。

なぜなら、欧米で権力を握った階級は、それを活かして下々から収奪を繰り返し、贅沢三昧に明け暮れがち。フランス、ルイ十六世の王妃マリー・アントワネットのように、「パンがなければ、なぜお菓子を食べないの」とか言ってしまう暮らしが当たり前だったのです。江戸時代のように、権力と財力が分離されているのは、世界史的に、きわめて珍しい現象だったわけです。

ところが昨今では、下手にアメリカナイズされてしまった企業で、役員の高額報酬が当然となり、不景気になったと見るや、すぐさま派遣社員切りに走って、世論から袋叩きにあったりもしています。ひと口にいえば、多くの日本人にとって「品性」のない行動にしか、そうした企業の行動は映らなかったわけです。

現代を生きるための『論語』

このように『論語』とは、とても学ぶ意義のある古典なのですが、同時に、非常に読み通しにくい面を持っています。

なにせ、尻切れトンボのような小話が、えんえんと続く形式。もちろん、その中にはハッとする名言があるのも事実ですが、いきなり全部を読み通すのはかなり辛い内容になっています。

恥を忍んで告白すれば、筆者も十代ではじめて『論語』を読もうとしたとき、あまりの退屈さに途中で投げ出してしまいました……。

ただし、そんな『論語』も、内容をうまく交通整理してあげると、案外その考え方には体系的な面があることがわかります。しかも、その問題意識の多くは、現代のわれわれとそのまま直結しています。

本書は、そんな『論語』の考え方と、現代のわれわれのとらわれを対比しつつ、この古代の叡智《えいち》を現代にいかに活かすのかを考察していきます。

なお、本書の『論語』の訳文は、『新編 論語の人間学』(守屋洋、プレジデント社)を底本にし、一部手をいれてあります、また執筆に当たっては、編集を担当して頂いた福田祐介さんをはじめ、以下の方々の取材や協力を頂きました。記して感謝としたいと思います(五十音順敬称略)。

荒井俊行　渋澤健　増田章　和田洋一　プロジェクト13%勉強会のみなさん

第一章 〈仁〉と〈恕〉

——世界に、未来に愛を広める

中国古代の思想とは、その多くが「こんな苦しい状況がある」「困った悩みがある」といった現実的な問題にどう対処すべきかを思案した、格闘の跡に他なりませんでした。

たとえば、兵法書で有名な『孫子』。この著者といわれる孫武は、呉という国で雇われていた将軍でしたが、

「どうすれば自分の仕えている呉という国は、この戦乱の時代に生き残ることができるのだろう」

という問題意識から、自国の置かれた状況にあった政治や外交、戦争の戦略や戦術を考案していったのです。

この『孫子』は、東洋の兵法のバイブルといわれる古典。一方、西欧にも戦略論のバイブルといわれる『戦争論』（カール・フォン・クラウゼヴィッツ著、一八三二年より刊行）という本があって、筆者は二つの本の内容を比較したことがあります。

なぜなら、この二書は、同じ戦争という局面を扱いながら、

・相手を騙すような策略こそ戦争の本質である（『孫子』）
・相手を騙すような策略は、ほとんど戦争では使いようがない（『戦争論』）

といった対極的なことが数々書かれていて、奇妙な矛盾を見せていたからです。この原因を探っていくと、結局、自分の国や軍隊がどのような状況に置かれているのか、その認識が『孫子』と『戦争論』ではまったく違っていたから、という理由に帰着していきました。

策略の話でいいますと、同じ騙す手に何度も引っ掛かってくれる間抜けな相手はそうはいないもの。だからこそ、ビジネスでいえば観光地で一見さん相手のボッタクリ商売を目指し、「うまく騙そう」と考えたのが『孫子』。一方、お得意さんとの長い関係をベースに商売を考え、「騙せない」としたのが『戦争論』という対比が浮かび上がってくるわけです。

しかし両書は、内容は違えど、その状況認識の方法と、解決策を生みだす思考法が卓越していたため、後世、歴史に残る名著となったのです。

そして、『論語』の主役ともいえる孔子と孫武とは、実はまったくの同時代人でした。

つまり二人は、同じ時代状況に直面しながら、片や『孫子』という戦いのノウハウ、片や『論語』という東洋倫理の源流を形作っていったのです。残念ながら、二人が会ったという記録は残されていないようですが……。

この対照もまた、時代状況の認識の差、と捉えることができます。

まず、当時の国のカタチを現代で喩えてみますと、子会社や孫会社をたくさん抱えた同族企業グループにそっくりの体制がとられていました。

周王朝という本社は、自分の親戚や婚姻関係を結んだ相手を各地に派遣、支社やグループ会社にあたる都市国家を作っていきます。これが、魯や斉、秦、楚といった諸侯国。いずれも周にとっては、どこかで血が繋がっているわけですから、最初の頃は「俺たち血縁だし、仲良くしようよ」という気持ちもあって、全体は一つにまとまっていました。

さらに、こうした親愛の気持ちを高める様々な儀式——会社でいえば「〜グループ親睦会」「年賀会」といったイベント——も催され、みなが「自分たちは仲間だ」という認識を新たにするとともに、本家やオーナー家をたてて、全体の和を乱さないといった秩序の観念を植え付けられてもいったのです。

しかし、良い時代は長くは続きませんでした。

現代の親戚関係もそうですが、こうした関係は、どうしても代が下がれば、親愛の情が薄くなりがちな欠点があります。

このため、最初は仲睦まじかった同族企業グループに内乱が起こってしまうのです。

実力ある支社長が、

「何が本社だ、業績が悪いクセにえばりやがって、利益率一番のわが支社を率いるオレサマが、一族の長になって立て直してやるぜ」

といった感じで内紛を起こし、支社のなかで優秀なものがグループ全体を束ねるような動きが出てきます。これが「覇者」と呼ばれる存在でした。

しかし、混乱はここに止まりません。その支社のなかで、有力な専務や部長が、

「支社長が、本社に対して下剋上を起こすなら、俺たちが支社長に下剋上を起こすのも、ありだよな」

と叛乱を起こし、実権を握り始めます。

当時、権力の源泉は何より軍事力でした。漫画『ドラえもん』で喩えてみますと、ジャイアンが「ぶん殴られたいのか」の一言で、のび太やスネ夫を黙らせることができるのと、同じ構図があったわけです。

ところが、人間って偉くなると、血なまぐさい現場を人任せにしがちになるんですね。その結果、天子は諸侯に軍事を任せ、諸侯は自国の貴族に軍事を任せ、貴族は番頭役に……。この構図のなかで、実権がどんどん下に流れ、下剋上もそれにつれて起こっていったのです。

孔子が生まれた魯という国も、「三桓《さんかん》」と呼ばれる三つの有力な一族が、国政を牛耳りますが、やがてそのなかの一つで番頭役をしていた陽虎《ようこ》という人物が下剋上で実権を握るといった、苛烈な下剋上が繰り返されていました。

こうして次第に混迷の度を深めていく時代状況のなか、孫武と孔子とは、まったく対極の対策を打ち出していくのです。まず孫武は、現場の将軍という立場から、

「この混乱は、もう元にはもどらない。いや悪化する一方だろう。ならば、各々の国が独力で生き残っていくしかない」

と考え、生き残りのための戦略や戦術を考案していきました。一方の孔子は、一国の利害にとらわれない学者兼政治家という立場から、

「この混乱には、まだ元にもどせる手があるはずだ」

そう考えて、処方箋を出そうとしたのです。

その処方箋こそ「仁」という徳に他なりません。

「仁」は愛の思想

現代の忌まわしい戦争やテロなどもそうですが、争いごとに明け暮れている状況とは、「敵意」や「憎悪」ばかり満ち溢れていて、「愛」や「思いやり」なんて欠片もないと考えるのが、一般的ではないでしょうか。

ところが、それは違う、と孔子は気が付いたのです。この目の付けどころこそ、彼の思想が他に抜きん出る原動力となったものです。

たとえば、君主に下剋上を企てる家臣を考えてみましょう。

実は、彼には溢れんばかりの「愛」があります。しかしそれは、あくまで自分の支配下にある身内に対してだけのもの。君主や国全体にはその「愛」

孔子（前552—前479）。儒教の祖。世界四大聖人の一人だが、『論語』にはその親しみやすい人柄も描かれている。

が及ばなくなったため、結果として叛乱を起こすわけです。

さらに、その家臣の番頭役が下剋上を起こすにせよ、やはり番頭役が愛する身内が確実に存在しているはずです。ただしその愛は、自分の主人に及ばなくなってしまったのです。

つまり、孔子の状況認識とは、

「今でも愛は溢れているが、個々の愛の対象となる領域は確実に狭まっている」

というものでした。だからこそ、国の内紛や混乱は起こってしまうのです。愛って、その及ぶ対象の広さによって、素晴らしい徳目にも、ハタ迷惑な存在にもなってしまうんですね。

ではそれを改善する処方箋とは何か。

単純に考えれば、愛する領域が縮まっていくことが問題であるなら、逆に広がっていくようベクトルを切り替えてやればよいはず。つまり、

「愛する対象を広げていくこと」

これこそ、「仁」の第一義的な意味内容に他なりません。ただし人の弱さを熟知していた孔子は、いきなり「万人を愛しなさい」と人々に求めたところで、それは実行できずに終わると考えました。『論語』には、次のような言葉もあります。

仁

愛する対象を「自分→家族→国」へと広げること。

人を育み、人に育まれること。

○「〝悪意にも善意をもって報《むく》いよ〟と言われますが、いかがでしょうか」
ある人がそうたずねたところ、孔子は答えた。

「それなら、善意には何をもって報いるのかね。悪意には理性をもって報い、善意には善意をもって報いるがよい」〈或《ある》ひと曰《いわ》く、「徳を以《も》って怨《うら》みに報《むく》いば何如《いかん》」。子曰く、「何を以ってか徳に報いん。直《ちょく》を以って怨みに報い、徳を以って徳に報いん」〉『論語』憲問《けんもん》篇

敵対する相手まで、そうそう愛で包みこめないのが、人の素直な心情なんですよね……。では、どうするのか。

孔子は、今感じている身近なものへの愛を起点にして、その範囲を少しずつ周囲に押し広げていけばよいと考えたのです。まず「仁」について、孔子は次のように語っています。

○「仁とはどういうことですか」
樊遅《はんち》がたずねると、孔子はこう答えた。

「人を愛することだよ」〈樊遅、仁を問う。子曰く、「人を愛す」〉『論語』顔淵《がんえん》篇

この「仁」を実践していくことが「君子」の究極の目的になるのですが、その道筋については、こんな言葉があります。

○子路《しろ》が、君子の条件についてたずねた。
孔子が答えるには、「自分を磨いて謙虚な人間になることだよ」

「たったそれだけですか」

「自分を磨いて人のために尽くすことだ」

「それだけでいいのですか」

孔子は答えた。「自分を磨いて人々の生活を安定させてやることだ。それをしようとして、尭《ぎょう》、舜《しゅん》のような聖天子でさえ、ずいぶん心を痛めたのだよ」〈子路、君子を問う。子曰く、「己《おのれ》を修《おさ》めて以《も》って敬《けい》す」。曰く、「かくの如《ごと》きのみか」。曰く、「己を修めて以って

人を安《やす》んず」。曰く、「かくの如きのみか」。曰く、「己を修めて以って百姓《ひゃくせい》を安んず。己を修めて以って百姓を安んずるは、尭、舜もそれなおこれを病《や》めり」〉『論語』憲問篇

この二つの問答からは、「愛」が「仁」の根本にあり、それを他人や人々に押し広げていく努力を求められる道筋が、きれいに浮かび上がってきます。後世、これをさらに洗練させて、

◯身が修まると家庭がととのう。家庭がととのうと国が治まる。国が治まると天下が平和になる〈身修まって后《のち》に家斉《ととの》う。家斉って后に国治まる。国治まって后に天下平《たい》らかなり〉『大学』経一章

という言葉も生まれました。お経のようですが、一綴りにして「修身斉家治国平天下《しゅうしんせいかちこくへいてんか》」と表現されたりもします。愛を拡張する順番が「自分→家族→国→天下」と細かく規定されていったんですね。

愛は、国境と時代を超える

この「愛を押し広げていく」という意味には、空間的な観点以外に、時間的な観点も含まれています。

つまり、「自分」や「自分たちの世代」だけが幸せであれば良いと満足するのではなく、「子々孫々」も含めた幸せを考える、という意味も「仁」には含まれているのです。現代でも、よくマスコミで取り上げられる、

「子孫への借金のつけ回しが何百兆円」

「環境破壊によって、子孫は悲惨な生活を強いられる」

「団塊世代以上はたっぷり年金をもらえるけど、それ以下は悲惨な金額しかもらえない」

といった問題は、まさしくこうした「時間的に広がっていく愛」が失われたことのあらわれに他なりません。

そして、意外なことに、現代でこうした問題が深刻化した大きな理由の一つに、

「民主主義の抱える問題点」

が影響しているのです。これは中国古代の考え方と、見事な対をなしていますので、詳

しくご紹介しましょう。

中国古代には、もともと「祖先崇拝」という考え方がありました。自分が今ここで生きていられるのは、両親がいたからこそ。その両親がいたのは祖父母がいたからこそ。祖父母がいたのは曾祖父母がいたからこそ……こうして遡っていくことによって、自分がいま幸せに生きていることを祖先に感謝しよう、と考えるのです。

さらに、こうした祖先からの恩義は、子孫に返していこうともします。つまり、自分が前の世代から受け継いだ素晴らしきものを、次の世代にバトンタッチすることで恩返しが完成していくわけです。

さらに、ちょっとマニアックな話になりますが、次のようなユニークな理由も、「祖先崇拝」には関係していました。

当時中国では、人は死ぬと霊魂になり、その霊魂には御飯が必要だと信じられていました。

それが、血を分けた子孫からのお供え物で、「血食《けつしょく》」といいます。今でも仏壇にご飯や頂き物などをお供えしますが、まさしくその雛型《ひながた》に当たるものです。ポイントは、血が繋がっている子孫からのものでないと、祖先は食べたくても食べられないこと。

もし子孫が供養の手を抜いたり、子孫自体が死に絶えて、「血食」を受けられなくなると、その霊魂は、悪い鬼に化けてしまうのです。これを「厲鬼《れいき》」といいます。「厲鬼」はこの世に化けて出ると、供養の手を抜いた子孫や、自分の子孫を滅ぼした勢力にとり憑き、呪い殺すと信じられていました。

当然、呪い殺されたくないわけですから、みな必死にお供え物をするわけです。また、自分が死んだ後、他人を呪い殺すような鬼にもなりたくないわけですから、子孫が繁栄するよう必死に努力もするわけです。

なんだがオカルティックな脅しが入っている話ですが、これが祖先も子孫も大事にしよう、という動機付けになっていたんですね。

民主主義の落とし穴

でも、こうした文化が時代とともに忘れ去られ、しかも「民主主義」が当たり前の世の中になると、何が起こるのか。先ほどもあげた、子孫や未来世代へのつけ回しが始まるのです。

民主主義の大きな特徴に、多数決で物事が決まることが挙げられます。でも、その投票に参加できるのは、当たり前ですが今生きている人のみ。祖先や子孫は、その意思決定には直接参加ができません。

ですから結局決まるのは、今生きている世代、特にもっともボリュームのある層への利益分配になりがちなのです。逆に、国の借金や環境破壊、資源の枯渇といったマイナス面は、子孫や数の少ない世代へつけ回しされていきます。この点を踏まえ、倫理学の世界では次のような、過激な議論がなされるに至っています。

人類は近代化によって、「過去世代にはもう遠慮はしませんよ」という文化をつくり上げた。それが実は、「未来世代にも責任を負いません」という反面を含んでいる。つまり封建倫理は単に古い世代の支配だというのは、近代主義者の偏見であって、封建倫理は未来世代のための倫理でもあったのだ。

われわれが最後の石油の一滴を使いきってしまうなら、石油を使う文化によって生きることを未来の人に拒絶することになる。しかし、同時に、未来世代の生存を保証するために同世代の人間の自由を否定する可能性もある。現在世代のエゴイズムを抑制するということは、ある意味では現在世代のすべてを敵にまわすことだから、地球環境問題には、新しい全体主義の発生を促す可能性が秘められている。(『環境倫理学のすすめ』加藤尚武、丸善ライブラリー)

その昔、多くの人は学校で、

「民主主義は素晴らしい」

と習ってきたと思いますが、ちょっと観方を変えてやると、案外そうとも言えない面が出てくるんですね。

二千数百年も前の『論語』の考え方が、ぐるっと回って現代の最先端の問題と重なり合ってくるのは壮観の一言ですが、プロローグで述べたように、政治や社会の体制も、状況によっての使い分けとしかいえないのです。

では、こちらの解釈での「仁」は『論語』にどう具体的に描かれているのでしょう。

世代間の仁は「育て／育てられ」

『論語』には、こんな言葉があります。

○君主は君主らしく、家臣は家臣らしく、父は父らしく、子は子らしく〈君《きみ》、君たり、臣《しん》、臣たり、父、父たり、子、子たり〉『論語』顔淵篇

会社で喩えれば、一見「社長は社長らしく、課長は課長らしく、平社員は平社員らしく」といった内容が並んだ言葉です。下手をすると「お前ら、自分の分際をわきまえとけ」といったイヤなお説教にも聞こえかねませんが、しかし、ここに時間軸を入れてみると面白い光景が見えてくるのです。

つまり、社長はずっと社長ではなく、やがて引退し、部下が社長になっていきます。家族にせよ、子はいつか父になり、自分も子を持つ、という連鎖が生まれていきます。

この意味で、祖先から受けた恩義を子孫に本気で返すことを志すなら、部下や子供を立派に育てて席を譲ることも、「君主らしさ」「父らしさ」には含まれてくるのです。この「育て／育てられ」という良き連鎖を繫いでいくことに、「時間軸の長い愛」のあらわれがあるわけです。

現代においてこうした考え方は――民主主義が「今ここ」を重視しがちなのとは違い

——実は封建主義的な要素が強く、継続に価値を置くような企業において、根強く支持され続けてもいます。

みなさんも企業勤めをされた方なら、「ノルマを達成しろ」「売り上げ上げろ」という締め付けと、「部下や後輩を育てろ」「アルバイトを教育しろ」というプレッシャーのなかで苦労されたご経験、一度や二度お持ちではないでしょうか。

このベクトルの異なる要求が交錯するなかで、「人は目先の利益の方にどうしても走りがち。しかし長い目で考えて、部下や組織を育てていく方をぜひとも重視しよう」という考え方を強く後押ししていったのが、孔子だったわけです。『論語』にこんな言葉があります。

○仁者《じんしゃ》は、率先して困難な問題に取り組み、得ることは後で考える〈仁者は難《かた》きを先にして、獲《う》るを後にす〉『論語』雍也《ようや》篇

○仁者は、自分が立ちたいと思ったら、まず他人を立たせてやり、自分が手に入れた

いと思ったら、まず人に得させてやる〈仁者は己《おのれ》立たんと欲して人を立て、己達《たっ》せんと欲して人を達す〉『論語』雍也篇

前の一節、仁を単純に「愛」だと考えると、意味がきわめて取りにくくなってしまいます。なぜ人を愛するという行為の初めに、困難が伴わなければならないのか？　と……。

でも、「育むこと」と捉えれば、スッと腑に落ちますよね。子供にしろ、部下にしろ最初はとにかく手がかかるわけです。でもその時期を乗り越え、うまく育ってくれれば、自分で問題を解決したり、結果を出してくれるもの。そんな成長した姿を見るのって、嬉しいものですよね……。

こうした「育むこと」を重視する風潮は、一九八〇年代までの日本企業にとくに顕著なものでもありました。筆者も会社員時代に、

「先輩から育てられた恩を、後輩を育てることで返していく」

という教えを先輩から教わったものですし、ビジネスの世界で一般に言われる金言では、

「社長の評価とは、誰を後継者にしたかで定まる」

と言われてもいます。この結果として、日本には百年以上続く企業が、世界的に見ても

群を抜いて多いという現実があるのです。淵源をたどれば、江戸時代の儒教教育に行き着く流れに他なりません。

結局、時間軸という観点から「仁」を考えるなら、

「愛する対象を広げていくこと」

という意味以外にもうひとつ、

「ものごとをすこやかに育むこと」

という定義も含まれてくるわけです。

さらに、この「育む」という観点からは、さらにちょっと意外な「仁」の側面が見えてもきます。

恕——して欲しくないことは、しない

孔子にとって、「仁」とは、他に代えがたい最高道徳でした。

だからこそ、『論語』のなかで、「この人は仁を持つ〈仁者〉だ」と孔子が認めたのは、甘めに見積もっても、たった十三人。しかも全員、孔子より昔の聖人や天子ばかりで、同時代人は誰もいない、という厳しいものだったのです。

恕

自分のして欲しくないことを他人にはしないこと。

理由は後で詳述しますが、「仁」とは、そう簡単に人が持てるような道徳ではないんですね。

でも、それではわれわれ凡人が途方に暮れてしまうので、人の心のわかる孔子は救いの手を差し伸べてくれました。

それが「仁」に至る補助ステップといわれる「恕《じょ》」。以下の一節でとても有名なものです。

○子貢がたずねた。

「なにか一言で生涯の信条としたいような言葉がありましょうか」

孔子が答えるには、

「恕《じょ》であろうか。つまり、自分がして欲しくないと思っていることは、人にもしないことだよ」〈子貢問いて曰く、「一言《いちげん》にして以って終《しゅう》身《しん》これを行うべきものありや」。子曰く、「それ恕か。己の欲せざるところ、人に施すことなかれ」〉『論語』衛霊公《えいれいこう》篇

「己の欲せざるところ、人に施すことなかれ」というのは、現代でも慣用句として使われる一節です。

この「恕」を積むことで、人は少しずつ「仁」へと近づいていくことができる、いやいや、「恕」と「仁」とはほとんど同じと言って良い高度な徳目だ――往年の学者さんたちの間では、そんな解釈が長らく有力視されてもきました。

でも筆者自身は、「仁」と「恕」には、明らかな違いがあると考えています。

そのきっかけとなったのは、「日本資本主義の父」と呼ばれる渋沢栄一が、両者の違いについて述べた卓見でした。

渋沢栄一は、明治に第一銀行の頭取などを歴任して、四百三十社にわたる会社の創業にかかわった実業界の偉人ですが、同時に、「論語と算盤《そろばん》」というモットーを掲げ、『論語』の教えを実業界に浸透させようと活動していました。

そんな彼が、次のように述べているのです（蛇足ですが、筆者の訳を〈〉内に付します）。


蓋《けだ》し己の欲せざる所は人に施さぬということは、恕《じょ》の道なり。少し自制の念があれば、容易にこれを実行することを得べし。これは自己を主眼とするから行い易いのである。

これに反して、我、人のこれを我に加うるを欲せざるや、我もまたこれを人に加うるなからんことを欲すということは、人格の高い仁者でなければ、できぬ業《わざ》である。これは他人を主眼とするから行われ難いのである。すなわち右両者の間には恕と仁との差ありと知らるべからず。

〈「自分がして欲しくないと思っていることは、人にもしない」というのは「恕」の道だ。ちょっと自制心があれば、簡単に実行できてしまうだろう。これは、自分を主眼として考えるから実行しやすいのだ。これに対して、「私は、他人が私にやりたくないと思っていることを、私も他人にやりたくない」(『論語』公冶長篇の言葉)というのは、人格の高い仁者でないとできないことだ。他人を主眼として考えなければならないので、実行し難いのだ。つまり、この両者には、「恕」と「仁」の徳の違いがあらわれている、と理解すべきなのだ。〉

(『論語講義』渋沢栄一、講談社学術文庫)

つまり、「自分がして欲しくないと思っていることは、人にもしない」という「恕」は、自分の快不快の感情を基準にして、それを他人に押し広げるので、誰しも実行しやすいというのです。

一方、「仁」の方は、他人を基準にしなければならないから難しいのだ、と栄一は喝破しました。考えてみれば、ビジネスの世界というのも「相手基準」、つまり顧客の立場にたたないとなかなか成果が上がりにくいもの。「日本の資本主義の父」の栄一だからこそ見出し得た、これは解釈なのでしょう。

「育む」難しさの勘所も、まさしくこの点にあります。

子供や部下を育てた方ならご経験あると思いますが、下手にこちら側の「基準」ばかり相手に押し付けてしまうと、拗《す》ねられたり、甘えられたり、反発されたり、精神を病まれたり、パワハラだと言われたりと、大概はうまくいかないわけです。相手の様子を見ながら、放任するところは放任したり、逆に、

「己の欲せざるところを、人に施す」

という「恕」とは真逆の行為を、試練として相手に与えていくような荒業も、ときには必要になってきます。でも、そんな頃合いや加減を見抜くのって現実には至難の業。「自分基準」と「相手基準」の間に横たわった溝を飛び越えるのは、なかなか凡人にはできないんですね……。

だからこそ孔子は、まずは「恕」を徹底的に積むことによって、いわば自分の人間性を

高めて、最終的に「仁」ににじり寄ろう――そんな道筋を想定した、と考えられるわけです。

前にご紹介した「愛する対象を広げる」ためのステップもそうですが、孔子の教えは、人情の機微を理解している分、気負わず誰にでも実践しやすい、という特徴を持っているのです。

“相手基準”で考えられるか――仁について

ところで、みなさんはここまで読んで、次のような疑問は浮かんでこなかったでしょうか。

「仁について長々と述べているけど、なぜわかりやすく一言で説明しないだろう。そういう言葉は残っていないのかなあ」

疑問はごもっともなのですが、実は、これが残されていないのです。

孔子の弟子たちは、当時、「仁について知りたい」と当然のごとく熱烈に思っていました。「仁」こそ師匠の掲げる最高道徳だということは重々承知していたからです。

そこで、「仁とは何ですか」と孔子に質問を投げかけるのですが、返ってくる答えはバラバラもいいところ。「これこそ仁だ」という決定的な定義は、結局残されなかったのです。

今まで引用したものを含めて、もう一度並べてみますと、

○人を愛すること〈人を愛す〉『論語』顔淵篇

○私心に打ち勝って、礼に合致することが仁である〈己に克《か》ちて、礼に復《かえ》るを、仁となす〉『論語』顔淵篇

○仁者《じんしゃ》は、率先して困難な問題に取り組み、得ることは後で考える〈仁者は難《かた》きを先にして、獲《う》るを後にす〉『論語』雍也篇

○仁者は、自分が立ちたいと思ったら、まず他人を立たせてやり、自分が手に入れたいと思ったら、まず人に得させてやる〈仁者は己立たんと欲して人を立て、己達せんと欲して人を達す〉『論語』雍也篇

「仁」とは何か

韓愈…………………	「博愛」
朱熹…………………	「愛の利、心の徳」
伊藤仁斎…………	「性情の美徳、人の本心」
荻生徂徠…………	「生まれ、成長させ、養い、育むこと」
加藤常賢…………	「己に忍耐し、他人を親愛する」『中国古代文化の研究』
安岡正篤…………	「天地・自然の生成化育の人間に現れた徳」『人物を修める』
宮崎市定…………	「人の道、人道主義、ヒューマニズムのこと」『論語の新しい読み方』
吉川幸次郎………	「人間の人間に対する愛情、それを意志を伴って、拡充し、実践する能力」『中国の知恵』

これらの教えをひとまとめにして、「仁」の定義を抽出するのがちょっと無理筋だったため、古今の学者さんたちは上の表のような、様々な「仁」の解釈を生み出してもいきました。

こうなった理由に、実は先ほどの「相手基準」が絡んでくるのです。

孔子は、多くの弟子を持ち、門下から素晴らしい人材を輩出していった中国史上屈指の優れた師でした。その要諦《ようてい》とは、まさしく先ほどの「相手基準」で教育を実践していくことだったのです。『論語』にはこんな問答があります。

○「子張《しちょう》と子夏《しか》とでは、どちらが優れているでしょうか」

子貢にたずねられて、孔子はこう答えた。

「子張は行き過ぎている。子夏は不足している」

「では、子張の方が優れているのですね」

「いや、そうではない。行き過ぎも不足もにたようなものだ」〈子貢問う、「師《し》と商《しょう》と孰《いず》れか賢《まさ》れる」。子曰く、「師や過ぎたり。商や及ばず」。曰く、「然《しか》らば則《すなわ》ち師愈《まさ》れるか」。子曰く、「過ぎたるは、なお及ばざるがごとし」〉『論語』先進篇《せんしんへん》

「過ぎたるは及ばざるがごとし」の慣用句できわめて有名な一節ですが、弟子たちの個性や学問の進み具合を洞察し、教育を施していったさまが、見事に描かれています。

「仁」についても、これとまったく同じでした。弟子たちの内実に応じた形で答えを述べていった結果、あまりに多様な答えが並んでしまったのです。いわば、「仁」の「相手基準」という特徴が、「仁の説明」にも適用された結果、「仁」の輪郭がぼけるという奇妙なオチがついてしまったわけです。

でも、こうした緩い面が多分にあったからこそ、『論語』は後世、読み継がれていった面があります。謎解きのミステリーのように、また、自分の現状を投影できる鏡として、

どんな時代にも面白く受け取られていったんですね。

「仁」の限界

さて、ここまで見てきた通り、孔子は人の情の機微がわかる、愛すべき人柄の偉人でした。でも、皮肉にもそんな彼の人柄が、その思想の弱点を生んでもいきました。

突然、奇妙な例を出すようですが、自分の親が金に困って泥棒を実行、その事実を知ってしまったとします。さて、どうするでしょうか。

『論語』には、こんな問答があります。

○葉公《しょうこう》が孔子に語った。「私の領内に無類の正直者がおりまして、父親が羊を盗んだとき、その事実をすすんで証言しました」

孔子が答えるには、「私の町の正直者なら、そういうことはしません。父親は子供をかばい、子供は父親をかばうでしょう。そういう自然の情に従うのが正直ということではないでしょうか」〈葉公、孔子に語《つ》げて曰く、「吾が党に直躬《ちょくきゅう》なる者あり。その父羊を攘《ぬす》みて、子これを証《しょう》せり」。孔子曰く、「吾が党の直なる者は、これに異なり。父は子のた

めに隠し、子は父のために隠す。直その中に在り」〉『論語』子路篇

孔子は、親をかばうのが子供の道だ、というのです。え？　自首を勧めるのが倫理的な態度じゃないの、被害者はどうなっちゃうの、と疑問符が飛び交う話ですが、『論語』には、こんな教えがあります。

○父母に間違いがあったときには、遠まわしに諌《いさ》めるがよい。仮に聞き入れられなくても、ひたすら相手の気持ちを尊重し、逆らったり、不満を抱いたりしてはならない〈子曰く、父母に事《つか》うるには幾諌《きかん》す。志《こころざし》の従わざるを見ては、また敬《けい》して違《たが》わず、労《ろう》して怨《うら》まず〉『論語』里仁篇

親から最終的に「うるさい、文句言うな」と言われれば、それに従うのが子のあるべき姿になる、というんですね。ちなみに、現在の日本の法律には「親族の犯人蔵匿《ぞうとく》、隠避《いんぴ》、証拠隠滅《いんめつ》等は罪に問わないことができる」といった内容の条文がありますが、淵源をたどると葉公と孔子の問答にたどり着く旨、法律の解説書に書いてあります。恐るべし、『論

語』の影響力という感じでしょうか……。

　しかし、なぜこんな犯罪容認のような考え方になってしまうのでしょう。ポイントは、「仁」の持つ「愛を広げていく」という性質にあるのです。

　親子や家族の愛とは、他人に愛を押し広げていくさいの起点になるもの、という道筋は先ほどご説明した通り。ですから、この愛の起点が失われると、他を愛するための元手がなくなってしまう、と孔子は恐れたのです。このため、もし家族と社会の利害が対立し、二者択一の状況になってしまったら、

「最終的には身内をとるしかない」

　という苦渋の選択をとる以外になかったのです。

　これは孔子の考えの筋からいえば、致し方のない結論なのですが、でも、こんなことを許していては現実的に内乱や下剋上の状況は収まらないですよね。孔子の死後、この「仁」の弱点が大きく問題視されるようになっていきます。

　そこで彼の後輩たちによって、「仁」をフォローするための、ある徳が強調されていきました。

「義」によって補う

『論語』には、こんな言葉があります。

○人間として当然なすべき義務と知りながら行動をためらうのは、実行力に欠けている証拠である〈義を見て為《な》さざるは勇なきなり〉『論語』為政《いせい》篇

よく知られた言葉ですが、ここで取り上げられている「義」こそ、「仁」の弱点を補う徳として浮かび上がってきたものでした。

「義」とは、現代ではいろいろな意味で使われていますが、当時の意味を一言でいえば、「みんなのため」

となります。対になる言葉は「利」で、『論語』にある、

○行動に際して、義を優先させるのが君子、利を優先させるのは小人《しょうじん》である〈君子は義に喩《さと》り、小人は利に喩る〉『論語』里仁篇

という一節からわかるように、漢字を補えば「大義と私利」という対立構造ができるわけです。自分だけが良ければいいのか、みんなのためを考えるのか、という話ですね。前に、

○身が修まると家庭がととのう。家庭がととのうと国が治まる。国が治まると天下が平和になる〈身修まって后に家斉う。家斉って后に国治まる。国治まって后に天下平らかなり〉『大学』経一章

というステップをご紹介しましたが、孔子の時代でいえば、「身」や「家」の利害しか考えないのが「私利」であり、「国」や「天下」まで考えるのが「大義」といった区分けが考えられてもいました。

しかし、「総論賛成、各論反対」という言葉もあるように、「大義（みんなの利益）」の重要さを頭では理解しているはずなのに、いざとなれば「私利（身内の利益）」を優先してしまうという構図は、古今、宿痾《しゅくあ》のように人類につきまとい続けています。

義

「みんなのために」という意識。

現代でも、地球環境の問題が重要とわかっているにもかかわらず、自国の利益だけを考えて京都議定書を批准しなかったのがアメリカでした。また、国の借金が膨大になっている現実を知りながら、自分の選挙区への利益誘導に邁進する議員、天下り用の財団をつくりまくってしまう官僚など、みな同じ形なのです。

「仁」は残念ながら、こうした現実の利害対立の前に、「身内を裏切るわけにはいかないし……」と、日和見な態度をとってしまいかねない情の濃さを持っていました。

ならばきっぱりと、

「『国』や『天下』といったより広い範囲の方を優先すべし」

という旗を掲げよう、と登場したのが「義」だったわけです。孔子の死後しばらくして、「仁」と「義」を併称する形で、「仁義」という熟語も生まれました。より公益の方を重視しようという立場を鮮明にしたのです。現代では、「兄弟仁義」「仁義を切る」といったように、なぜか任侠の世界における専売特許のようになってしまいましたが……。

ちょっと余談になりますが、任侠系で使われる「仁義」って、実は「辞儀《じぎ》（ごあいさつ）」という単語を置き換えたもの。「辞儀を切る」で「ご挨拶する」の意味だったのです。そうすると、有名な「仁義なき戦い」は「ご挨拶なき戦い」となるわけですが、殴り込みって確かにそんな感じですよね……（笑）。

閑話休題、この任侠系で「仁義」という言葉が一般化している事実からは、実は「義」の方の問題点が浮かび上がってもきます。

大切なのは、誰にとっての「義」か

任侠映画を見ていると、仲間との「仁義」を守るために、主人公が颯爽と殴り込みに向かって行ったりします。

観客は、そんな健さんや緋牡丹《ひぼたん》お竜の姿にしびれて喝采を贈るわけですが、でも、冷静に考えてみると、二人の振る舞いは単なる犯罪行為でしかないのも事実。さらに現代では、暴力団の抗争で流れ弾にあたって一般人が死亡したり、人違いで殺されたりする事件なども起こっているわけです。

つまり、任侠の「大義」と一般社会の「大義」とはしばしば衝突しがちなもの、「義」

を掲げていても、なぜか「みんなのため」を裏切ってしまう――そんな皮肉な現象が起きてしまうのです。

そして、この現象はすでに二千年以上前から、問題視されてきたことでした。老荘思想を代表する『荘子』という古典には、こんな寓話があるのです。

〇大盗賊の盗跖《とうせき》の子分が、こんな質問をした。

「泥棒にも〈道〉はあるんでしょうかね」

盗跖は答えてこういった。

「どんなものにも〈道〉はあるさ。盗みに入った部屋で勘をはたらかせ、隠されたお宝をあてるのは〈聖〉の徳だ。押し入るとき、先頭に立つのは〈勇〉。ずらかるとき、しんがりになるのは〈義〉。盗みが成功するか否かを見極めるのは〈知〉。分け前を平等にするのは〈仁〉。

この五つの徳を備えずに、大きな仕事を成し遂げた奴は天下にいないね」〈跖《せき》の徒、跖に問いて曰く、「盗にもまた道ありや」。跖曰く、「何《いず》くに適《ゆ》くとして道あることなからんや。それ妄《みだ》りに室中を意《はか》りて蔵《ぞう》を中《あ》つるは聖なり。入るに先んずるは勇なり。出るに後《おく》るるは義なり。可否《かひ》を知るは知なり。分《わ》かつこと均《ひと》しきは仁なり。五者の備わらずして、能く大盗を成す者は、天下にいまだこれ有らざるなり」〉『荘子』胠篋《きょうきょう》篇

老荘思想を代表する古典である『荘子』は、孔子の考え方とは対極の思想内容を持っていました。このため、儒教系の思想をたくみに皮肉るのがお得意なのですが、この一篇はなかでも核心を突いたものといえるでしょう。

確かに、どんな集団にも、その集団のために尽くせという「義」や「仁」があります。しかし、それは、より大きな集団からすれば「私利」のノウハウに過ぎず、行き過ぎれば「悪」に転げ落ちてしまいかねません。

では、その大きな方の集団の「義」や「仁」が本物かというと、より大きな集団から見れば「私利」になり下がり、という階層構造が生まれ……。

「仁」や「義」といった素晴らしい徳でも、適用の範囲や立場によって「悪」になりかわってしまう——そんな悩ましい難問に対して、人類は、昔も今も頭を抱えて困り続けている現状があるのです。

◎第一章のポイント

●中国古代の思想の多くは、「現実の問題や悩みへの対処」を考え抜いたものである。

●〈仁〉は、孔子の思想の核になる徳。仁により、国境や世代を超えて「愛を広める」ことを説く。

●子や孫、部下や後輩を一人前にするには手がかかるが、彼らを「すこやかに育む」ことが、世代を超えて愛を広めること。

●〈恕〉は、自分がして欲しくないことは他人にもしない、という徳目。〈仁〉へのステップといわれる。〈恕〉＝自分基準の徳目、〈仁〉＝相手基準の徳目。

●〈義〉は、「みんなのために」という意識。

コラム① 『論語』を書いたのは誰？

『論語』を書いたのは、実は孔子ではないと聞くと、びっくりされる方もいらっしゃるかもしれません。でも確かに、孔子は『論語』の執筆とは無関係でした。

ではどのような経緯でできたのかといいますと、孔子の死後百年ほどたった後に、おそらく彼の孫弟子や、曾孫弟子たちが、孔子の教えが散逸《さんいつ》しないようにと集まり、戦国時代の中頃に編纂した、と考えられています。他の古典に『論語』からの引用があるかないか（『孟子《もうし》』という古典にはないのでそれ以後、『礼記《らいき》』という古典にはあるのでそれ以前、など）によって、この推定は行われました。

こうした成立事情は、『論語』という書名の由来にも関わっています。『論語』という言葉のうち、まず「論」とは編集するという意味。「語」とは「孔子が語ったこと」。併せて「孔子が語ったことを編集しました」、というのが有力な解釈なのです（ただし、『論語』には、孔子のお弟子さんたちの言葉やその論争、また「郷党」という篇には、孔子の日常生活や食生活の描写なども収録されていて、当時の生活を知る貴重な資料になっています）。

孔子が活躍した春秋時代の末期は、今でいう書物はあったのですが、紙でできていたわけではなく、細長い竹や木片を革で編んだものでした。なので、持ち歩けるノートのようなものはなく、次のような工夫でメモしていたのです。

○子張は、孔子の言葉を自分の帯に書き記した〈子張これを紳《しん》に書す〉『論語』衛霊公篇

この場合、自分の着物の帯（当時の人は、今の和服と同じようなものを着ていました）に「師匠の言葉を残しておかねば」と書きとめたわけです。こんな形で、残っていた記録を弟子たちが集めていったんですね。

でも、こうした経緯でき上がったため、『論語』にはちょっとオモシロ可笑しい内容が含まれてもいます。まず、孔子がまったく望んでいないような言葉がしっかり残されてしまったこと。たとえば、こんな問題含みの言葉。

○女と小人は始末におえない。目をかけてやるとつけ上がるし、突き放すと逆恨みする〈ただ女子と小人とは養い難しとなす。これを近づくれば則ち不孫《ふそん》、これを遠ざくれば則ち怨む〉『論語』陽貨《ようか》篇

この一節によって、「孔子は男尊女卑主義者、実にけしからん」と後世言われてしまってもいるのですが、真相はまったく違うのではないか、と筆者は考えます。

現代でも、みなさん腹が立つことがあって「男ってホント馬鹿よね」とか、「女ってどうしようもないよな」とか言ってしまうことありませんか？　普通、こんなプライベートな嘆き節が後世に残ることなんてあり得ないのですが、孔子の場合は、彼の言葉を一言も聞き逃すまいと構えている弟子が多数いました。つい漏らしたボヤキもしっかりメモされて、記録されてしまったと考えられるのです。昨今、「リスペクト」という言葉がとくに若い人の間で流行っていますが「リスペクト」される立場というのは、そんな気楽なものではないんですね……。孔子が草葉の陰で、「勘弁してくれよ」と頭をかいていそうです。

また、もう一つ可笑しいのが、孫弟子、曾孫弟子たちのつばぜり合いのさまが、し

っかり残されていることです。

孔子には、子貢や子夏、曾子《そうし》といった有力な弟子がいて、やがて独立して一門を構えていきます。そして、その門弟たち（孔子の孫弟子、曾孫弟子）が『論語』の編纂《へんさん》に関わるということは、つまり「自分の師匠の良い話は残したいが、逆に悪い話は残したくない」という風潮を生みがちになります。それで何が起こったのかというと、たとえば弟子の曾子でいえば、ある個所では、

○曾子はドンくさい〈参《しん》や魯《ろ》〉『論語』先進篇

という評価が記されているかと思えば、別の個所では、彼こそ孔子の思想を受け継ぐ素晴らしい弟子、といった真逆の内容が残されるわけです。さらに、早死にして一門を構えられなかった宰予という弟子は、ひたすら孔子から怒られ、貶される役割を押し付けられがちになり……。

人間、後世のことを考えるなら長生きはしておくものだと、しみじみ思います。

またこうした経緯もあって、最初に成立した『論語』には、弟子たちのグループご

孔子とその同時代人

孫武	生没年不詳 紀元前500年前後に活躍	戦略論の祖
老子	生没年不詳 『史記』などの記述によるが未詳	老荘思想の祖
ピタゴラス	前582〜前496	数学の祖
ソクラテス	前469〜前399	ギリシャ哲学の祖
ヘロドトス	前485〜前420	歴史の父
釈迦	前460〜前383ないしは 前560〜前480	仏教の祖

とにやや内容が異なった形の三種類のテキストがありました。それが現代のわれわれが目にするような『論語』になったのは、後漢王朝末期頃といわれています。

面白いことに、孔子と同時代には世界で上の表のような学術や思想の祖たちが活躍をしていました。そして奇遇にも、ソクラテスとお釈迦様の二人も、孔子と同じように自分では書物を残していなかったのです。

ソクラテスの思想を伝えたのは、弟子のプラトンですし、お釈迦様も死後に教えが散逸しないよう、四回にわたってお弟子さんが集まって仏典を編んでいきました。不思議と世界中で、同じような経緯が繰り返されていた時代だったんですね。

第二章 〈知〉と〈勇〉

——人の上に立つ人間に欠かせない徳

リーダーの「徳」とは

みなさんは、欧米人と一緒に仕事や交渉などをして、
「なんて自己主張が強いんだ、日本人とは大違いだ」
と感じた経験、お持ちではないでしょうか。

逆に、当の日本人も――もちろんタイプにもよりますが――仕事の会議の席上などでも、なかなか意見を言わずに黙りこくってしまい、「自己主張がなさすぎで、わけがわからない」と欧米の人からは思われてしまっている、そんな話もちらほら聞きますが……。

なぜ日本人は、会議などでも、必要以上に控えめな態度を取ってしまうのでしょう。

まず一つの理由として挙げられるのは、集団でいるときに「空気を読む」ことが染みついていて、誰かが口火を切るのを待ってしまう傾向があること。

日本人は農耕民族だったため、一律の集団作業を繰り返すなかで、横並びが習い性になってしまい「空気を読む」原因になったという説もありますが、確かに現代でも「KY」という言葉ができるほど、みな一律に靡《なび》きがちではないでしょうか。

そして、もう一つの理由として、ここにも『論語』の影響が看取できるのです。

そもそも『論語』は、現代でいえば「リーダーシップの教科書」という一面を持っていました。弟子たちを国のリーダー、つまり君子に育てるべく教えていたわけですから、当然、残された問答には、

「上に立つ者の心得とは何か」

「リーダーはどんな徳を持つべきか」

といった教訓が並んでいったわけです。徳とは、ここでは「行動規範」と取って頂いて良いと思います。プロローグでも触れたように、江戸時代以降の日本人は、この『論語』のリーダー像、つまり君子像を理想として叩き込まれているので、それが無意識の規範となってもいったんですね。

そしてこの流れが「控えめを貴ぶこと」や「会議でシーンとしてしまうこと」に大きく関わってくるのです。

そういえば、『論語』って、若い人には人気がなく、中年以上から人気が出てくる古典といわれていますが、その一つの理由もここにあります。つまり、部下を持って、散々苦労した人が読むと、

「ああ、心に沁《し》みるなあ」

と思える言葉が目白押し。なにせ、孔子は人情の機微に通じていますから、リーダーがウッとくるツボも心得まくりなのです。しかし逆に言えば、若い人にとっては「なんのこっちゃ」となりかねないんですね。

ということで、この二章のテーマは、『論語』のメインテーマの一つである「リーダー学」（これを「君子の学」といいます）について取り上げていきたいと思います。

孔子の唱える徳――知・仁・勇

まず孔子は、リーダーには基本となる三つの徳がある、と考えました。それを示したのが、次の言葉です。

○知者は迷わない、仁者は思い悩まない、勇者は恐れることを知らない〈知者は惑《まど》わず、仁者は憂《うれ》えず、勇者は懼《おそ》れず〉『論語』子罕《しかん》篇

「知者」「仁者」「勇者」の頭に使われている「知」「仁」「勇」こそ、まずはリーダーに欠かせない徳なのです。これには理由がありまして、この三つは物事を実行していくための、

まさに基本部分を担っているからです。

まず、何か物事を始めるには、「情報の収集と分析」が必要です。会社で喩えれば、新規事業を立ち上げるとき、本当に成功できるのか事前に調査し、情報を集めていく段階が必要ですが、これが「知」に当たる部分です。

さらに、情報が集まったら、それをもとに「やるかやらないのか」「やるとしたら、どんな方向性を目指すのか」を決めなければなりません。これを担うのが「仁」です。一章で触れたように、「仁」は、

・愛する対象を広げていくこと
・ものごとをすこやかに育むこと

という意味内容ですから、これを会得した人間は「より広く愛を及ぼす」「全体を育んでいく」という方向性で腹が固まっているので、「仁者は憂えず」、つまり迷うことがないのです。

そして、最後に決まったことを実行に移す段階。これが「勇」です。

「仁」に関しては一章で詳しく取り上げたので、ここではまず「知」と「勇」に関して、詳しく掘り下げていきましょう。

知を極めると〝限界〟が見える

まず「知」について。『論語』にはこんな言葉があります。

○これ子路よ、そなたに「知る」とはどういうことか教えてあげよう。それは他でもない、知っていることは知っている、知らないことは知らないと、その限界をはっきり認識すること、それが「知る」ということなのだ〈由《ゆう》よ、女《なんじ》にこれを知るを誨《おし》えんか。これを知るをこれを知るとなし、知らざるを知らずとなせ。これ知るなり〉『論語』為政《いせい》篇

これこそ中国古典および、その影響を受けたわれわれ日本人の「知」を考える上で、深い知見を与えてくれる教えに他なりません。

まずこの言葉からわかるのは、自分の知っていること、知らないことの区分けが必要ということ。この点で筆者には、面白い経験があります。今でも本を執筆するために様々な

知

知っていることと／知らないことの区別ができること。

専門家に取材をする機会が多いのですが、そんななかでこの『論語』の教えをしばしば実感するのです。つまり、

「相手がそのジャンルを極めているほど、そのジャンルや自分の仕事の持つ〈限界〉を語ってみせる」

という傾向が明らかにあること。若手で注目されている弁護士・荒井俊行さんが熱く口にしていたのは、意外にも「法律の限界と、大義や常識の重要性」についてでした。また、全盛期に世界最強の空手家の一人だった増田章さんは、「既存の空手の限界と、新しいカラテの形」について熱く語る人でした。

この点、先ほどの孔子の言葉は、「知」全般について語っていたわけですから、敷衍《ふえん》すると、次の有名な指摘につながってくるのです。

○人間としての義務を果たし、鬼神《きしん》のようなものからは敬して遠ざかる。こういう生き方ができてこそ知者といえるのだ〈民の義を務め、鬼神を敬してこれを遠ざく。知と謂《い》うべし〉『論語』雍也《ようや》篇

○孔子は、怪異、怪力、無秩序、鬼神については議論しなかった〈子、怪力乱神《かいりきらんしん》を語らず〉『論語』述而《じゅつじ》篇

前者からは「敬して遠ざく」「敬遠」、後者からは「怪力乱神」という四字熟語が生まれた一節。なぜ孔子は「鬼神」からは距離を置き、「怪力乱神」を語らなかったのか。それはいずれも「人が知りうる範疇《はんちゅう》を超えたもの」「わからないもの」と考えたからです。同じ趣旨では、次の問答もそうです。

○子路が鬼神にはどんな態度で仕えるべきかたずねた。孔子が答えるには、
「生きている人間さえも扱いかねているのだ。鬼神のことまでは考えずともよい」

「では、死ぬとはどういうことでしょうか」

「生きることの意味さえはかりかねているのだ。まして死の意味などわかりようがないではないか」〈季路《きろ》、鬼神に事《つか》えんことを問う。子曰く、「いまだ人に事うること能《あた》わず。焉《いずく》んぞ能《よ》く鬼に事えん」「敢《あ》えて死を問う」。曰く、「いまだ生を知らず、焉んぞ死を知ら

ん」〉『論語』先進篇

死もそう。「わからないもの」は「わからないもの」として扱い、慎重に対処する態度にこそ、「知性」の現れはあると孔子は信じていたんですね。

ところが面白いことに、西欧では知性に関して、これとは対極的な考え方をとっているのです。

知性のあり方——西欧型と孔子型

『下流志向』などのベストセラーで知られる、神戸女子大学教授の内田樹さんが、『ためらいの倫理学』という本のなかで、こんなことを書いています。

当時はユーゴで悲惨な内戦が起こっていた時期なのですが、アメリカ高校生はこの戦争についてはっきり意見を述べる、と聞いた内田さん、こんな指摘をするのです。


アメリカの高校生だってユーゴの戦争についての知識は私とどっこいどっこいのはずである。それにもかかわらず、彼らはあるいは空爆に決然と賛成し、あるいは決然と反対するらしい。なぜそういうことができるのか。

たぶんそれは「よく分らない」ことについても「よく分らない」と言ってはいけないと、彼らが教え込まれているからである。「よく分らない」と言うやつは知性に欠けているとみなしてよいと、教え込まれているからである。（『ためらいの倫理学』内田樹、角川文庫）

「わからない」ことでもはっきり意見がいえることが知性である、というのが西欧の考え方なんですね。まさしく、『論語』とは対極的な考え方です。

筆者は、この指摘は本当だろうか、と思って一緒に中国古典の勉強会を長らく続けている渋澤健さんに質問をぶつけてみたことがあります。渋澤さんは、日本の資本主義の父である渋沢栄一の玄孫《やしゃご》にあたり、小学生から大学生までアメリカで過ごしているので、向こうの文化はお馴染みの方。渋澤さん、こう答えていました。

「そういう傾向はありますね。でも、その場では意見を言わずに黙っていても、後で鋭い一言とかいうと、頭のいい奴と評価はしてもらえますが」

意見をとにかく口にするのが「知性的」という風潮は、確かに存在しているのです。

でも、われわれ日本人がこれだけ聞くと、なんだか西欧の方は、慎重さに欠けた早とちり気味の知性だな、と感じかねないのですが、そう話は単純ではありません。何事も一長一短としか言えないのです。

どういうことか。西欧の「知」というのは、とりあえず自分の意見を持って、他人と議論を闘わせるのを前提としているのです。その過程のなかから、より真実に近い結論へと止揚《しよう》されていく、と考えるわけです。いわば議論型の「知」が、その特徴なんですね。理想のイメージとしては、会議で活発な意見が闘わされ、最終的に誰も思ってもみなかった素晴らしいアイデアに行き着くといった雰囲気でしょうか。

ただし引き換えに、独りよがりになりがちなマイナス面も出てきます。とくに議論する相手がいないような場合、独善さに歯止めがかからないんですね。

一方、孔子の目指した知性のあり方は、一人で自分を磨きあげようとするときに力を発揮するタイプ。自分の限界を知って、それを克服していこうという営為からは、バランスのとれた円満な知性の醸成が期待できるわけです。

でも、これが議論の場になると、「いやいや、私などまだまだ何もわかっておりません」とばかりお互いシーンとなってしまう……。そう、消極的なぶん議論には向かないのです。

日本人の多くは自己主張が苦手、という源流の一つは、おそらくここにあるわけです。また、こういったタイプが発言するときは、それなりに覚悟を決めての場合も多いので、下手な論難に遭うと、自分の人格まで否定された気になって、いがみ合いが起きてしまったりします。「知性」と「感情」が切り離せない、という特徴が出やすいんですね。

一方、欧米は自分の意見は修正可能だと思っているので、議論になっても、それはあくまでその場限りで済むのは当然のこと。もちろん実際には、理想通りいかず感情がもつれたり、独善的な傾向そのままに、ジャイアンリサイタルのような独演会を試みられるといった弊害も出たりしますが……。

やや単純に図式化して述べていますが、こうした長所と短所を踏まえる限り、「知」のあり方も、状況によって使い分けるのが最も望ましいとしか言えないのです。一人で思考するさいは孔子型、議論するときは西欧型と切り替えていけば良いのです。

使い分けという観点は、知性そのものにも、当てはまってくるのです。

「知らない」のは努力が足りないから!?

『論語』にはもう一つ、「知」のあり方に関わる重要な教えがあります。少し長いですが、次の指摘をまずお読みください。

○世の中には、十分な知識もなく、直観だけで素晴らしい見解を打ち出す者もいるであろう。だが、私の方法は違う。私は、なるべく多くの意見に耳を傾け、その中から、これぞというものを採用し、常に見聞を広げてそれを記憶にとどめるのである。これは最善の方法ではないにしても、次善の策とは言えるのではないか〈蓋《けだ》し知らずしてこれを作《つく》る者あらん。我はこれなきなり。多く聞きてその善なる者を択《えら》びてこれに従い、多く見てこれを識《しる》す。知の次ぎなり〉『論語』述而篇

○できるだけ人の話に耳を傾け、疑問を感じたところはしばらくそのままにしておき、納得のいった部分だけを発言する。そうすれば、つまらぬ失敗から免れることができよう。また、幅広い読書を心がけることも忘れてはならない。そして、疑問に思った箇所はしばらくそのままにしておき、納得のいった部分だけを行動に移す。そうすれば、後悔することも少なくなるであろう〈多く聞きて疑わしきを闕《か》き、慎《つつし》みてその余《よ》を言えば、則ち尤《とが》め寡《すく》なし。多く見て殆《あやう》きを闕き、慎みてその余を行えば、則ち悔《く》い寡なし〉

一言でいえば、いずれも「情報の大量入力と選別」こそ重要という教えに他なりません。そして、この「知」についての指摘に対して、鋭い解釈を口にしたのがスクウェア・エニックス社長である和田洋一さんでした。ある勉強会で筆者が『論語』の解説をしていたとき、こう述べたのです。

「守屋さん、今の言葉と、『知っていることは知っている、知らないことは知らないと、その限界をはっきり認識すること、それが「知る」ということ』という先ほどの言葉を照らし合わせると、『知らない』というのは、結局、自分の努力不足、情報の収集不足ということになるんじゃない」

先ほどの渋沢栄一もそうですが、実業界には並外れた読解力の持ち主がいるんだなあと兜を脱いだ経験でした。和田社長の指摘通り、孔子の言葉を並べて考えれば「知らない」というのは、努力不足としかいえない面があるわけです。

もちろん、われわれが今の自分の知識や見聞のなかで「知っていること／知らないこと」を自覚することは、「半可通」や「知ったかぶり」を免れるという意味で「知」の一種でしょう。でも、それではレベルが低いのです。

先ほどの、あるジャンルを極めた人こそ、限界を語れるという話に通じてきますが、「知らない」というのは、往々にして本来「知っているべきこと」が、努力不足によって「知らない」状態になっているだけの話。知るべきことを極めた人だけが、真にそのジャンルの限界、つまり「知らない」を語り得るとも言えるのです。

筆者など、「知らないことが多いことを自覚しているから、自分って『知』かも」などと、昔は馬鹿丸出しで喜んでいましたが、そんな単純なものではなかったんですね、トホホ……。

「勇」とは計算された実行力

さて、引き続いては「勇」。『論語』には、こんな言葉があります。

〇人間として当然なすべき義務と知りながら行動をためらうのは、実行力に欠けている証拠である　〈義を見て為《な》さざるは勇なきなり〉『論語』為政篇

○子路がたずねた。
「君子は、勇を大事にするのでしょうか」

孔子が答えていった。

「君子にとっては、義の方が大事なのだよ。君子に勇があっても、義がなければ叛乱《はんらん》を起こしてしまう。小人に勇があっても、義がなければ泥棒に手を染めてしまう」

〈子路曰く、君子は勇を尚《たっと》ぶか。子曰く、君子は義以《も》って上《じょう》となす。君子勇ありて義なければ乱をなす。小人勇ありて義なければ盗をなす〉『論語』陽貨篇

この「勇」という徳目、一般的には「勇気」と訳されていますが、ニュアンスとしては前者の訳にある「実行力」の方がより正鵠を得ています。なぜなら、「勇気」と聞くと日本人は、

「リスクにひるまず突き進む」

といったイメージを一般に思い浮かべがちだからです。でもリスクをとれば、失敗するのも人の常。その場合は、

「パッと潔く散る」

勇

リスクをきちんと計算し、引くべきときには引いて、結果を出すこと。

のを美学として感じたりもするわけです。満開の桜が風に吹かれて、はかなく散っていくように……。

でも、中国における「勇」はまったく意味が違いました。『論語』にはこんな問答があります。

○孔子が顔回《がんかい》に語りかけた。

「いったん登用されたら、すすんで手腕を発揮するが、認められないときは、じっと社会の動きを静観している。これができるのは、私とお前くらいなものであろうな」

そばから子路が口をはさんだ。

「では、先生が国軍の総司令官に任命されたら、どんな人物を頼りにされますか」

「素手で虎に立ち向かい、歩いて黄河を渡るような命知らずは、ご免こうむりたい。いざというとき、周到な策をめぐらし、慎重に対処する人間の方が頼りになるよ」〈子、顔淵《がんえん》に謂《い》いて曰く、「これを用《もち》うれば則ち行い、これを舎《す》つれば則ち蔵《かく》る。ただ我と爾《なんじ》とこれあるかな」。子路曰く、「子、三軍《さんぐん》を行わば、則ち誰と与《とも》にせん」。子曰く、「暴虎馮河《ぼうこひょうが》、死して悔いなき者は、吾与《とも》にせざるなり。必ずや事に臨んで懼《おそ》れ、謀《ぼう》を好んで成す者なり」〉『論語』述而篇

直接「勇」という言葉は出てきませんが、まさしく中国の「勇」のあり方を端的に示しています。つまり、中国人にとっては、

「リスクをきちんと計算し、引くべき時には引いて、結果を出すこと」

が「勇」だったのです。これを「君子の勇」、つまり立派な人間の勇気と称します。一方、日本人のようにリスクを顧みず突き進んでしまうようなやり方は「匹夫《ひっぷ》の勇」、つまらない人間の勇気として蔑まれました。


さらに、日本で好まれる散り際の美しい桜に対して、『論語』ではこんな花が持ち上げられています。

○冬の寒さが厳しくなったときに、はじめて、松や柏《はく》がいつまでも凋《しぼ》まないで寒気に耐えていることが確認できるのである〈歳寒くして、然《しか》る後に松柏《しょうはく》の彫《しぼ》むに後《おく》るるを知

るなり〉『論語』子罕篇

柏とは、現代のカシワではなく、ハクという古代中国の常緑樹のこと。しぶとく生き残って、冬の寒気のなかでも緑をたたえる松や柏が素晴らしい、というのです。

しかしなぜ、日中で、これほど見事に考え方が分岐してしまったのでしょう。ここに関わってくるのも、状況認識の差という問題なのです。

凡人が生き残るための「勇」

中国は、その長い歴史のなかで、平和な時期は多いとは言えず、内乱や対外戦争が続く時代がほとんどでした。こういった状況では、

「リスクをとって、ダメだったら潔くパッと散ってやるぜ」

などと考えていると、本当にあっという間に散ってしまい、そこで人生がすぐに終わってしまうだけ。逆に、

「泥水すすっても生き延びて、最後に笑ってやるぜ」

くらいの根性がないと、成果など挙げられません。実は日本でも、状況が同じであれば、

発想に変わりはありませんでした。たとえば、戦国時代の熾烈な生き残り競争のなかで生まれた宮本武蔵の『五輪書』には、こんな一節があります。

だいたい武士の信念を考えてみると、武士は平常からいかに立派に死ぬかというふうに思われている。死を覚悟することにおいては武士ばかりではなく、出家であっても、女であっても、百姓以下に至るまで、義理を知り、恥を思い、死ぬところを決心することは少しもかわりがないのである。

武士が兵法をおこなう道はどんなことにおいても人に勝つということが根本であり、あるいは一人の敵との斬合いに勝ち、あるいは数人との集団の戦《たたかい》に勝ち、主君のため、わが身のため名をあげ、身を立てようと思うことである。これは兵法の功徳なのである。(『五輪書』鎌田茂雄、講談社学術文庫)

死の覚悟なんて、いざとなれば誰でもできる。「結果」を残すことこそ、武人の本義だ、と武蔵は言い放ちます。これぞ乱世の思想なのです。

しかしこの後、日本は約二百三十年間にわたって戦争がないという世界史で見ても珍しい平和な江戸時代に突入しました。武士が不必要な時代が続くなか、「人殺しの技術がいらなくなった時代、武士はいかに生きるべきか」という問題意識のもと、つくりあげられたのが儒教思想をベースにした「武士道」でした。そこでは、

「敵を一人でも多く斬り殺すのに命をかける」

のではなく、

「気高い倫理を守るのに命をかける」

と武士の役割が読みかえられていったのです。そう、「リスクにひるまず突き進む」「パッと潔く散る」といった美徳は、こうした流れを背景に生み出されたものでした。古今東西、身の危険から時間的にも空間的にも遠くにいるほど、人って理念走った格好良さを口にする傾向を持ちがちでもあるのです。

一方、強気な精神論では打開できない難局のなか、われわれ凡人でもそれなりの成果が出せたり、達人に至れる仕組みの構築に頭をひねったのが、孔子や宮本武蔵だったわけです。

この意味で、「知」「仁」「勇」という三つ揃いの徳は、いずれも「実行のために特別な

才能などいらない」点でも共通しています。

「勇」でいえば、死をおそれない豪胆さなんて、凡人はそうは持てません。でも、リスクを計算しつつしぶとく成果を上げていくのは、努力すれば何とかできるはず。筆者もすこぶるつきの臆病者ですが、それでも実践できるのが『論語』の「勇」の特徴なのです。

「知」や「仁」もそう。「情報の大量入力と選別」に必要なのは、才能ではなく努力と根性ですし、「人や世の中に愛を広めること」を積み重ねていくのも努力と習慣以外の何物でもありません。

孔子の教えは、いわば「平凡をきわめた非凡」、われわれ凡人でも手の届く高みを示し得た点に凄味があるのです。

「信」なくんば立たず

さて、ここまで取り上げた「知」「仁」「勇」という徳は、いずれも現代風にいえば「リーダーの決断と実践」というテーマに沿った知恵の数々。でも、考えてみればリーダーにはもう一つ、

「組織を統率する」

信

人柄や品性、真摯さで人を心服させること。

という重要なお仕事があります。二章の後半は、こちらに関わる『論語』の教えを見ていきましょう。

まずは、次の指摘をお読みください。

○立派な人間は、正しい道理を守って、約束には義理立てしない

〈君子は貞《てい》にして諒《りょう》ならず〉『論語』衛霊公篇

これは会社でいえば、次のような想像をすると理解しやすくなります。

みなさんが、ある会社の社長だったとして、突然、会社の重要なポストに空きができたとします。さて後任は誰が良いかなあ、と社内を見回し、ある部下と「君になってもらうから」と内々に約束しました。

ところが、後から社内を見回してみると、明らかにもっと適任の人物がいるではありませんか。早まったことをしたと後悔しましたが、すでに内々の約束をしてしまった。さて、どうするか……。

先ほどの孔子の言葉からいえば、何も迷うことはない、適任の方をポストにつけなさい、となるのです。ポストにつける約束（諒）よりも、適任者に地位を与えること（貞）の方を選ぶのが、立派な人間（君子）の態度である、と——。でも、これでは約束を破られた方が、「俺との約束は、どうしてくれるんだ」とカンカンになって怒り出すのが普通でしょう。

実は、ここにこそ孔子の教えの真骨頂があるのです。

孔子は、たとえ部下との約束を破ることになったとしても、「あの人のやることだから従っておこう」「後々悪いようにはならないだろう、ついていこう」と当人から思われるくらい、心服される人物となってこそ立派なリーダーである、と指摘するのです。

人の上に立ったことのある人なら、唸ってしまうような手厳しい条件をつきつけて来る言葉ですが、でも組織には、確かにこんな面がつきまといます。

会社なんて、上り調子ばかりとはいきませんから、ときには部下に対して人員整理やコストダウン、経費削減など、わが身を切るようなこと、辛いことを強制する必要が出てきます。そんなとき、部下を納得させられず、混乱を招いてしまうリーダーと、黙って従っておいた方が良いと思ってもらえるリーダーとでは、成果に大きな差が出るのは明らか。「信なくんば立たず」（一四四頁参照）という言葉もありますが、組織の統治にはまず「信」

が不可欠なわけです。

『論語』には、こんな指摘もあります。

○人民というものは、上の方針に従わせることはできても、その理由まで理解させるのはむずかしい〈民はこれに由《よ》らしむべし、これを知らしむべからず〉『論語』泰伯《たいはく》篇

この後段の部分は「理解させる必要はない」と解釈する説もあって、孔子の非民主主義的な一面として、後世糾弾《きゅうだん》されたりもしています。でも読み所は、そこではありません。

たとえば会社で、末端の社員やアルバイトまで指示の趣旨が残念ながら徹底できない状況なんて日常珍しくないわけです。事情があって、裏の意図を知られたくない命令を下す、なんてときもあるでしょう。

それでも「由らしむべし」、つまり下をきちんと従わせることができる、その事実に大きな意味があるのです。「よくわからないけど、従っておこう」と心服されてこそ、リーダーは大きな成果が残せるんですね。

では、「信頼」とはどうすれば得られるのか。孔子の考え方は、単純そのものでした。

人柄と品性を磨く「学問」

『論語』には、こんな言葉があります。

○為政者が自分の姿勢を正しくすれば、命令するまでもなく実行される。自分の姿勢が間違っていると、どんなに命令しても人はついてこない〈その身正しければ、令《れい》せずして行《おこな》わる。その身正しからざれば、令すといえども従わず〉『論語』子路篇

リーダー自身がその身を正しくすれば、部下はついてくる、と考えるわけです。でも、「身を正しくする」って、具体的には何を意味するのでしょう。この点で現代的な意味でのヒントを与えてくれるのが、経営学のカリスマだったピーター・ドラッカーの言葉。

イギリスの子供たちは、「猿は高みに登れば登るほど、尻を見せる」と囃す。経営者が何を行なうか、何を信じ何に価値を置くか、何に対し、かつ誰に対し報いるかは、組織全体で注目され、考えられ、細かく分析される。そして、訓示していることと、

実際に期待していることとの違いほど、早く知られ、重く見られるものはない。（『未来企業――生き残る組織の条件』P・F・ドラッカー、上田惇生・佐々木実智男・田代正美訳、ダイヤモンド社）

人を管理する能力、議長役や面接の能力を学ぶことができる。管理体制、昇進制度、報奨制度を通じて人材開発に有効な方策を講ずることもできる。だがそれだけでは十分ではない。根本的な資質が必要である。真摯さである。（『エッセンシャル版マネジメント基本と原則』P・F・ドラッカー、上田惇生編訳、ダイヤモンド社）

筆者自身も十年ほど会社勤めの経験があるのでわかるのですが、「この上司なら、ついていこう」と思う最大の動機は、孔子やドラッカーの指摘のように「人柄」や「品性」、「真摯さ」に尽きるところがあります。いくら仕事ができたり、立派なことを口にする上司でも、平気で二枚舌をつかい、保身に走り、倫理感に低ければ、信用してついていく気にはなれません。

結局、部下がついていこうと思う「身の正しさ」とは、「そう思わせるに足る人柄と実践」がキモなのです。裏を返せば、いくらご立派な徳目を学んで知識として持っていても、それが本人の行動と切り離されていては、意味がありません。

Aさん：道徳の知識はあるが、品性や行動力に欠ける
Bさん：道徳の知識はないけど、品性や行動力がある

のどちらをリーダーにしようと迷ったなら、当たり前ですが、後者を選ぶのが一般的な姿でしょう。だからこそ『論語』には、こんな言葉があります。

○君子は、食べ物や住まいについて、ことさら贅沢を願わず、行動は機敏に、発言は慎重を旨とする、そして、立派な人物を見習って我が身を正すのである。こうあってこそ、学問を好む人間と言えよう〈君子は食飽《しょくあ》くことを求《もと》むるなく、居安《きょやす》きを求るなく、事《こと》に敏《びん》にして言《げん》に慎み、有道《ゆうどう》に就《つ》きて正す。学を好むというべきのみ〉『論語』学而篇

注目すべきは、「学問好き」の内容に、知識の取得が入って来ない点。立派な行いの積

み重ねを実践していれば、それで十分「学ぶ」になるんですね。さらに面白いのは、孔子が一番弟子だった顔回を評した言葉です。

○顔回という者がおりました。この者こそ学問好きと言える男で、不愉快な感情を他人に見せず、同じ過ちを二度と繰り返しませんでした〈顔回なる者あり、学を好む。怒りを遷《うつ》さず。過ちを弐《ふた》びせず〉『論語』雍也編

「学問好き」の内容としてまず挙げられているのが「八つ当たりをしない」って、かなりヘンテコな指摘ではないでしょうか。でも、「人柄や品性を磨くのが学問」という観点からすれば、これは納得できる話。八つ当たりをしたり、感情を平気で暴発させてしまう人が「良い人柄」や「高い品性」なんて、まずあり得ないわけです。ＥＱ（心の知能指数）という言葉もありますが、「人柄」や「品性」、「誠実さ」を支えるのはその人の感情と理性のバランスなのです。

身にならない知識よりは、感情のコントロールをもとにした品格ある行動こそ、リーダーに求められる――これが孔子の考え方でした。

さらに、人の情に通じた孔子は、「怒る」ことを否定していないのは注目すべきでしょう。腹の立つことがあって怒るのは、別段いいのです。でも、それを無関係な他人に振り向けるのは問題外というのが、人に優しい孔子の教えだったのです。

徳がなくてもリーダーになれるか?

実は、こうしたリーダーに必要な条件に関して、現代において、とてもユニークな指摘をしている本があります。『経営革命大全』というアメリカの経営に関するガイドブックからの引用ですが、こうあるのです。

リーダーになりたいという願望がある、リスクを恐れない、達成したいという欲求もある、といったように、多くのリーダーに共通する特徴が多少はあるかもしれないが、こうした特徴は必ずしもリーダー全員に共通するものではない。例えば、正直である、倫理的である、部下思いである、といったように、われわれがリーダーに期待する特徴というのもある。一方、そのような特徴がまったくないリーダーも決して珍しくはない。ヒトラーが良い例だ。

リーダーたちに唯一共通しているのは、進んで従おうとする部下や弟子がいたということだ。（『経営革命大全』ジョセフ・ボイエット＆ジミー・ボイエット、金井壽宏監訳、大川修二訳、日経ビジネス人文庫）

リーダーには、徳目や条件などそもそも必要がない。ついてきてくれる部下がいれば、それがリーダーなのだ、というわけです。

実はこれ、的を得た鋭い指摘に他なりません。たとえば夫婦や異性関係で考えてみるとわかりやすいでしょう。みなさんの周囲にも、

「あんなできた女性が、なぜあんなダメ男と結婚したんだろう」

「立派な男性なのに、なぜあんな女性を奥さんに」

なんてカップル、いたりしないでしょうか。でも、もちろん本人たちにとって、そんな詮索は余計なお世話。周りがどう思おうと、お互い愛せると思えるならそれでよいわけです。

これは上下関係もまったく同じこと。「知」も「仁」も「勇」もない変わり者の上司で

も、何か別の強烈な魅力を感じてついてきてくれる部下がいるなら、立派なリーダーになれるわけです。

でも、この考え方には、一つ大きな欠点があります。

それはどんな組織にも、そんな変わった趣味の部下は、そう多くはいないこと。

一人や二人なら、先ほどの夫婦や会社での関係も成り立つでしょうが、十人、百人と増えて行った場合、やはり一般的に望まれる徳目を持っていないと、部下を率いるのは難しくなってくるわけです。ないしは、ヒトラーのようなアジテーションの天才である必要がある、ということなのでしょう。

でも、この考え方を推し進め、自分の率いるべき数が千人、一万人と増えていったらどうなるでしょう。いわば不特定多数を相手に率いる形になるため、こちらの「人柄」や「品性」、さまざまな徳目を持っているかなんてわかってもらえません。

そこで必要となるのが「威」という徳なのです。

「威」を持って振る舞う

『論語』には、こんな言葉があります。

威 信頼関係のなかに緊張感を持たせること。

○君子というのは、態度が重厚でなかったら、威厳が備わってこない〈君子重からざれば則ち威あらず〉『論語』学而篇

これはみなさんが、巨大な軍隊の閲兵式に、大将軍として参加する姿を想像してみて下さい。

これから生死をかけた戦に臨む、十万の兵士が勢揃いする前で、演説に臨まなければならないとします。

このとき、何の威厳もオーラも感じさせないような雰囲気で、ヒョッコヒョッコと軽薄にみなの前に出ていったら、「本当にこの人に従って大丈夫かな」という疑念を兵士の間に広げてしまうこと、間違いなしでしょう（よほど過去の声望や実績があれば別ですが）。これでは一糸乱れぬ統率など、とても期待できません。

逆に、得体の知れないオーラや迫力を醸《かも》し出しつつ、重々しく登場してきたなら、

「良く知らないけど、この人の命令には大人しく従っておいた方が良さそうだ」と感じてくれることが期待できるわけです。

こうした気持ちを生む源泉こそ、「威」という徳目なのです。日本の戦国武将にも、藤堂高虎や伊達政宗をはじめ、ド派手な甲冑に身を包む武将が大勢いますが、一つにはいま述べた「何だか知らないけど、従っておいた方がいい」と部下に思わせる効果を期待しているわけです。これはリーダーが必要に応じて身につけておくべき徳目であり、『論語』にもこうあります（弟子の子夏の言葉）。

○君子は三たび姿をかえる。遠くから見ると、近寄りがたいような厳しさがある。近寄ってみると、意外に温かい。ところが、言葉を聞くと、すこぶる手厳しい〈君子に三変《さんぺん》あり。これを望めば儼然《げんぜん》たり。これにつけば温《おん》なり。その言を聴くや勵《はげ》し〉『論語』子張篇

この言葉から推し量れるのは、君子はまず、身近な人間にはフレンドリィなこと。でも、ずるずるべったりにならず、緊張感を伴った信頼関係をうちたてられるんですね。だから

「近寄ってみると、意外に温かい」「言葉を聞くと、すこぶる手厳しい」となるわけです。一方、不特定多数を従えるような場合は「近寄りがたいような厳しさ」つまり「威」を発揮するわけです。

このリーダー、気さくで飄々《ひょうひょう》とした人柄が素なのかもしれませんが、必要に応じて重々しく、厳しそうに振る舞うことができる──その変わり身がポイントなのです。

ここでもまた、使い分けという観点が重要になってきます。

結局、二章を通じて言えることは、理想のリーダーは「ドラえもん」みたいなもの、ということかもしれません。妙な比喩に聞こえるかもしれませんが、状況の変化に応じて最適な解決道具を出してくれる、そんなイメージなのです。

のび太クン「ああん、ドラえもん、会議で発言が出ないよ」
ドラえもん「はい、欧米式の知のあり方」
のび太クン「ああん、ドラえもん、今度はみんな独善的になり過ぎて滅茶苦茶だよ」
ドラえもん「はい、『論語』の知のあり方」
のび太クン「ああん、身近な部下が言うことときかないよ」

ドラえもん「はい、人柄の良さと高い品性」
のび太クン「ああん、不特定多数が心服してくれないよ」
ドラえもん「はい、重々しい行動によって醸し出される威厳」

このとき重要なのは、一見ゴチャゴチャで矛盾さえしているように見える道具が、四次元ポケットのなかに豊富に詰め込まれている点です。ですから、激しく変化する現実のなかで、最適な手段を持ち出すことができるのです。

この点、日本人は行動様式が大いに異なる面があります。日本人は空気を読みがち、という話をこの章の冒頭でしましたが、逆に、場の空気が変わったと見ると、遅れちゃマズイとばかりみな一斉にそちらに靡《なび》きがちな傾向を見せると言われています。

歴史的に見れば、儒教万歳（江戸幕府）から文明開化（明治維新）へ、天皇陛下万歳（戦時中）から民主主義万歳（戦後）へといった変化など、まさしくその典型でしょう。

このため、中国思想研究家の森三樹三郎という先生が、こんな指摘をしているのです。

「のりかえ」方式をとる日本人は、たえず新しい原理に一辺倒になるのでありますから、そこから日本人の無類の「新しものずき」という性格が出てまいります。日本人には「お前の考えはまちがっている」というよりは、「お前の考えは古い」といったほうが、こたえるのであります。（『中国文化と日本文化』森三樹三郎、人文書院）

え、自分は古かったのかあ、拙いなあ、と頭を抱えるのも日本人らしくて良いのかもしれせんが、もう少し『論語』の観点を取り入れて「古い、新しいにかかわらず最適の手を打っていく」、そんなバランスのとれた発想があってもよいのかもしれません。

◎第二章のポイント

●知・仁・勇は、組織を率いるには欠かせない徳。〈知〉は情報の収集と分析、〈仁〉は方向性、〈勇〉は実行力を意味する。

●「西欧型の知」は、自分の意見を他人と戦わせて結論を導き出すもの。「孔子型の知」は、自分自身を一人で磨き上げながら、自分の限界を克服していくもの。

●〈勇〉とは、リスクを計算し、引くべきときには引いて、結果を出すこと。時代・状況を生き残るための徳。
●組織を導くには、部下を心服させられるだけの〈信〉と〈威〉とが必要。
●身にならない知識よりも、感情のコントロールをもとにした品格ある行動が大切。怒ることもかまわないが、無関係な人に振り向けるのは問題外。
●孔子の教えの凄味は、われわれ凡人にも手の届く「平凡をきわめた非凡」を示したこと。

コラム②「孔子の教え」は宗教か？

孔子の教えを拡大発展させた教えを「儒教」といいますが、これは世界の主要な宗教の一つに分類されることもあります。

でも、この本を読まれた方の多くは、おそらく「孔子の教えって、まったく宗教っぽくないなあ」と感じられたことでしょう。

孔子の教えや「儒教」は宗教なのか否か、そんなテーマをこのコラムでは、考えていきたいと思います。

まず、冒頭で「孔子の教えを拡大発展させた教えを『儒教』」と述べましたが、これと似た言葉として「儒学」があります。「儒教」と「儒学」いう一見似た言葉、果たして意味に違いが生じてくるのかといいますと、おおよそ次のように分類されています。

・儒学＝批判、検証すべき学問として「孔子の教え」を捉えたもの

・儒教＝頭から信じるべき教えとして「孔子の教え」を捉えたもの

後世、時代によって「学」の要素が強い状況、「教」の色が濃い状況があるので、学者によっては、その区分によって二つを使い分けたりもしています。また、「儒教」と呼ぶと宗教のように見なされやすいので、「儒学」と呼ぶべきだと主張する、非宗教派の学者もいます。しかし、一般的にはあまり厳密に考えずに両者を使う場合も多いので、本書ではあまり難しく考えず「儒教」で統一します。

では、この「儒教」は宗教なのか、といいますと、これは実に答えが出しにくい難問なのです。なぜなら、「宗教のそもそもの定義」や「どの範疇までを儒教と呼ぶのか」、「儒教の本質をどこに置くのか」といった捉え方は、人によって千差万別。その設定の仕方によって答えも様変わりしてしまうからです。

ただしこの問題、宗教の持つ「働き」に着目してみると、とても興味深い光景が見えてきます。

つまり、「宗教の定義」は千差万別だとしても、宗教の持つ「働き」に関しては、古今東西共通する面が浮かび上がってきます。それは、

「自分が理不尽な目にあったとき、その理由を説明する理屈を持っていること」なのです。たとえばわれわれは、突然、事故にあったり重い病にかかったり、といった理不尽な運命に出会うことがあります。よく「困ったときの神頼み」と言いますが、宗教はそんなとき、理不尽さに理由をつけてくれる面があるのです。

「信心が足りなかったから」

「前世の行いが悪かったから」

「悪い霊が憑いているから」……

それによって本人が幾分かでも納得し、気持ちを落ち着かせることができれば、「癒し」の効果がもたらされるわけです。これが宗教の一つの「働き」になるわけです。

ところが孔子の教えには、そんな面がほとんどありません。人生最大の理不尽といえば「死」ですが、孔子の態度は六八頁にも出てきたように、次のようなものでした。

○子路が鬼神にはどんな態度で仕えるべきかたずねた。孔子が答えるには、「生きている人間さえも扱いかねているのだ。鬼神のことまでは考えずともよい」

「では、死ぬとはどういうことでしょうか」

「生きることの意味さえはかりかねているのだ。まして死の意味などわかりようがないではないか」


わからないものは、わからないと、とても合理的な態度で死を考えていたわけです。オカルティックな理由をつけて無理に説明する気なんて、さらさらなかったんですね。

では、なぜ孔子の教えには、理不尽さを説明する理屈がなかったのか。

この点に関しては、中国とインド、それぞれの古代の学術を比較してみると、面白い理由が浮かび上がってきます。

インドと中国という二カ国は、古代の学術に関して、奇妙なことに正反対ともいえる特徴を持っているのです。

まず中国では、

「この世の中を良くするためには、どうすれば良いのだろう」

という思想が大きく発展しましたが、

「なぜ世界や人は存在するのか」

「緻密な論理や数学の体系」

などを扱う哲学や宗教、数学は尻すぼみ状態でした。

一方、インドは「ゼロの発見」で有名な高度な数学や、ウパニシャッドのような哲学を生んでもいます。アジアの二つの大国は、まったく対照的な学術的傾向を持っているのです。

この大きな理由として考えられているのが、その文化や学術を担った階級の差なのです。まず、中国の学術を伝統的に担ってきたのが「士大夫」と呼ばれる層。現代でいえば、官僚や政治家たちだったのです。現代の官僚や政治家たちが本業に即して学術書を書くとしたら、と想像するなら、おそらく、

「世の中をどう良くするか」

というテーマの本になるでしょう。

そして、ここで重要な意味を持ってくるのが、歴史の記述なのです。世の中を知り、それを良くするためには、過去の経緯を知ることが不可欠だからです。

実際、中国文化は、世界のあらゆる文化のなかで唯一、紀元前八四一年から現代に至る、年月のわかる歴史書を残している「歴史大好き」民族でもあるのです。

前に孔子の教えには、理不尽さを説明する理屈がないと述べましたが、こんな背景が理由の一つでした。会社でいえば、社員育成のための社内研修に「左遷にあったときの心得」「悪い査定をもらったら」といった講義内容があり得ないのと同じで、そんな私的な問題は個人でなんとかしろ、となるんですね……。

一方、インドで文化を担ったのは「バラモン」と呼ばれる宗教家たちでした。ですから、現世にはあまり興味がなく、抽象的な思想を巡らし続けました。この結果、哲学や宗教、数学が発展してきたともいえるのです。

逆にそんなインドでは、歴史の記述にあまり興味がなく、古代のインドをほぼ統一したアショーカ王という人物さえ、その生没年がはっきりわかっていないのです。

ちなみに中国ではその後、孔子の教えに理不尽さを説明する理屈がなかったため、「仏教」の興隆を招いたという指摘があります。先程も登場して頂いた森三樹三郎先生の説ですが、「人生の理不尽さを説明できない」ということは、すなわち善人が不幸せになったり、悪党が幸せに生涯を終えてしまう理由を語れないわけで、

「じゃあ悪いことやりまくって、幸せになってやるぜ」

「真面目に生きているのが、空しくなった」

という気持ちを止めようがなくなってしまうのです。

ところが、この難問に見事な説明をつけてみせたのが「仏教」でした。

仏教は前漢末から後漢の初期、ちょうど紀元前後の時期に中国に入り、四世紀頃から、中国国内で爆発的な普及を見せるようになっていきます。

その理由の一つが、儒教では説明しきれない難問への答えを出したことにありました。

仏教が中国に受け入れられたとき、中国人が最も注目したのが「三世報応《さんぜほうおう》」という教えなのです。これは人の幸せと不幸せを、次のように説明していきます。

まず、人間は輪廻転生、つまり生まれ変わりを繰り返すことを前提とします。その上で、今の人生が不幸なのは、前世の行いが悪かったからだと説明します。なるほど、これなら善人が不幸になってしまうのも、悪人が幸せな一生を送れるのも前世の因果と理解できます。

一方、現世の行いは、来世の幸福に反映されます。善行を積めば来世で幸せになり、悪事を繰り返せば来世で不幸せになるわけです。

この世界観を信じるか否かはさておいて、確かにこれなら、儒教の解けなかった人生の難問を見事に説明することができます。このように「本当かどうかはわからないが、その考え方や世界観を信じさえすれば、自分が救われる」というのが、まさしく宗教の働きになるわけです。以後、南北朝から唐代にかけて仏教は大きく興隆していきます。

一方、これに対抗して儒教をパワーアップし、仏教に負けない教えとしたのが南宋の朱熹による有名な「朱子学」でした。朱熹は、もともとの儒教の考え方に、仏教や老荘思想などを加味し、人生の理不尽さを説明する原理も付け加えていったのです。ただしそれは——現代では疑似科学でしかないにせよ——当時、信じられていた世界を説明する原理に基づいていて、宗教というよりも哲学や科学の色が濃いものになっています。

このような歴史的経緯を見ていく限り、孔子の教えや儒教は、宗教の働きの面からいえば宗教とは言い切れないわけです。

第三章 〈天命〉

——自分の人生を見出し、生きる

孔子は人生を語らない

筆者は十年ほど書店に勤めた経験を持っているのですが、そのとき、

「『論語』や『孫子』といった中国古典には、ものによって売れる時期があるんだなあ」

と感じていました。

まず不景気のとき、他の古典が売れなくなるなか、目立って強いのが兵法書の『孫子』。みな生き残りに必死な時期ですから、「身を守るための戦略」は求め続けられるんですね。

一方、好景気のときに売上を伸ばす代表が、『論語』。「衣食足りて礼節を知る」という言葉もありますが、やはり人間、生活基盤が安定してくると、

「いかに生きるべきか」

を考え始めるということなのでしょう。

ちなみに、これとまったく同じ理由から、好景気のときに人気を博しやすいのが新宗教やオカルトもの、という傾向もあります。一九八〇年代末からのバブル景気のとき、大きく勢力を伸ばしたのがオウム真理教や幸福の科学（この二つは、奇しくも一九九一年九月の「朝まで生テレビ！」に第二次新興宗教ブームの象徴として登場、討論してもいます）でした。

また、二〇〇四年頃からの好景気では、スピリチュアルものが大ヒットしました。さらに『三国志』も定期的にブームになりますが、これはテレビやコミック、ゲーム、映画といった他のメディアの影響を受けての部分が大きく、いわば不定期の熱狂が特徴になっています。大学の中国史の先生と話をしていて、「今の学生は他のことは何もしらないくせに、三国志の武将だけはやたら詳しくて嫌になるよ」とボヤかれたこともありますが、確かに若い人には根強い人気を誇っていますよね。

こうした、中国古典に対するさまざまな要求が交錯するなか、『論語』に対して現代の人々が求める、

「いかに生きるべきか」

というテーマを、この三章では取り上げていきます。

ただしこの観点、『論語』のなかで描き切れているとはいえず、思想の萌芽だけが残されたものを、他の儒教系の古典が、後世、大きく花開かせていったという流れがあります。

実際、『論語』にはこんな言葉があるのです。

○先生が、「性」と「天道」について語られるのを、聞くことができなかった〈夫子《ふうし》

の性と天道とを言うは、得《え》て聞くべからざるなり〉『論語』公冶長《こうやちょう》篇

孔子のことを、弟子の子貢が述懐した一節ですが、このうち「性」は、人の生き方の根幹に関わる要素に他なりません。

孔子は、人生を語ることに対して、かなり口が重かったようなのです。「いまだ生を知らず、焉《いずく》んぞ死を知らん」（六八、一〇二頁参照）という言葉を前にご紹介しましたが、孔子は自分の摑み切れていないものを、おそらくペラペラと喋る気にはならなかったのでしょう。

そこで、この三章に限っては、他の古典の名言も、しばしば引用して理解の助けとしていきたいと思います。

さらにもう一つ、一口に「いかに生きるべきか」といっても、ちょっと対象範囲が広すぎて、そのまま真正面から切り込むとボンヤリしてしまいかねないので、次の二つの切り口、

・人生の道筋、そのあるべき姿
・人生の価値をどこに置けばよいのか

を手がかりに、順に『論語』の教えをひも解いていきます。

孔子の人間観

まず、

「人生の道筋、そのあるべき姿」

横文字で表現すれば「人生のモデルケース」。これを、人の一生という時間軸に沿いつつ、順にお送りしていきたいと思います。

まず、誕生期。人はまず、誰しも赤ん坊としてこの世に送り出されますが、この段階で中国古典には有名な、

「人の本性は善である（孟子）／人の本性は悪である（荀子）」

という対極的な見解が生まれました。

○人間の本性がもともと善であるのは、水が低い方に流れていくように自然なこと
〈人の性の善なるは、なお水の下《ひく》きに就《つ》くがごとし〉『孟子』告子《こくし》篇

○人間の本性は悪、善の部分は後天的な努力によって身についたものである〈人の本性は悪、その善なるは偽《ぎ》なり〉『荀子《じゅんし》』性悪《せいあく》篇

確かに無邪気な赤ちゃんの笑顔を見ていると「やっぱり性善説だよな」と思ったりしますし、戦争や犯罪などの悲惨な報道を聞くと「やっぱり性悪説の方が正しいのか」と暗澹《あんたん》たる気持ちになったりもします。この点、孔子はどう考えていたのか、と言いますと、これが見事に常識的なものだったのです。

○知能のうえで最高の人間と最低の人間とのあいだには、どうしても越えることのできない壁がある〈唯《た》だ上知《じょうち》と下愚《かぐ》は移《うつ》らず〉『論語』陽貨《ようか》篇

○生まれながらの素質に、それほどの違いがあるわけではない。その後の習慣によって、大きな差がついていくのである〈性《せい》、相近し、習《ならい》、相遠し〉『論語』陽貨篇

○人間は、教育さえ受ければ、だれでも自分を向上させることができる〈教えありて類《るい》なし〉『論語』衛霊公《えいれいこう》篇

人間にはもともとトンデモなくできる奴と、どうしようもなくダメな奴が一部いる。でも、その他大勢は、みな似たり寄ったり、生まれてからの学習や習慣づけで変わっていくんだよね、と孔子は言うわけです。われわれの経験に照らして見ても、ごくまっとうな指摘ではないでしょうか。

しかし、素質や善悪の面に大差がないからといって、人は似たり寄ったりに産まれ落ちてくるわけではありません。幼い頃から、まったく違う特徴を開花させます。

これを中国古典では「性」というのですが、孔子の亡くなった後くらいから、精緻な理論づけが行われていきました。

〈性＝らしさ〉はそれぞれに

みなさんは、人って一人一人なぜこんなに違うんだろう、と不思議に思ったことはありませんか？

筆者は、自分の子供が一歳前で保育園に通いはじめたとき、「まだ生まれたての赤ん坊なのに、なんでこうも一人一人個性がまったく違うんだろう」と驚くことしきりでした。また、何の示唆も与えていないのに、自分の息子が車や鉄道に熱中したのには、びっくりしました。男は、昔から馬を乗り回していたので、乗り物に興味を持つ体質になったという俗説を、思わず信じたくなりましたね……(笑)。

同じような疑問は、どうも中国古代の人も抱いたようで、一人一人や男女の違いに対して、こんな理由を見出してみせたのです。

「人がみな違っているのは、天が一人一人に違う『性』を与えたからだ。それは、社会において、みな自分だけが成果を挙げられる居場所があることを意味している」

天とは、当時でいえば神様みたいなもの。その神様が一人一人に「性」を与えたというのです。孔子の孫が書いたとも言われる『中庸』という古典には、こんな言葉があります。

○天がその人に与えたものを「性《せい》」と言い、「性」に従うことを「道《みち》」と言い、「道」を身につけることを「教《おしえ》」という〈天の命ずるこれを性と謂《い》い、性に率《したが》うこれを道と謂い、道を修むるこれを教と謂う〉『中庸』

「性」とは、一言でいえば「らしさ」のこと。「人間性＝人間らしさ」「男性＝男らしさ」「女性＝女らしさ」「個性＝その人らしさ」と並べていくと、そのニュアンスがよくわかると思います。この「個性」、つまり一人一人の違いが、社会を営んでいくうえでは必要不可欠になってくるのです。

これを料理で喩えてみましょう。カレーやチャーハンは、調理する素材とともに、包丁やまな板、鍋といった用途の違う道具があってはじめてつくれるもの。鍋だけ十個とか、包丁だけ十本ある台所では、途方に暮れるしかありません。

社会の営みも同じこと、数字に強い人、交渉に強い人、思索に強い人、統率に秀でた人、参謀タイプの人……いろいろな個性の持ち主がいて、はじめて全体が機能できると考えたわけです。

こうした「個性」を与えられた人が成長し、やがて思春期ぐらいになると「あ、自分ってこんなことが得意かも」「こんな点が人とは違うかも」といったことを、往々にして意識し始めます。この段階で人が抱くべきものこそ、「志」なのです。

志と野望の違い

日本では、吉田松陰や西郷隆盛も強い影響を受けた陽明学という学問がありますが、その創始者である王陽明が「志《こころざし》」について次のように述べています。

○学んで自分を磨くためには、志を立てることが先決である〈学は志を立つるより先《せん》なるはなし〉『王文成公全書《おうぶんせいこうぜんしょ》』巻七

○志が立っていないのは、舵《かじ》のない舟、銜《くつわ》のない馬のようなもの。漂ったり勝手に走りだしたりして、どこへ行きつくのかわからない〈志立たざるは、舵なきの舟、銜なきの馬の如し。漂蕩奔逸《ひょうとうほんいつ》して、終《つい》にまた何の底る所《いた》ぞや〉『王文成公全書』巻二十六

これを「立志」、つまり志を立てる、といいます。人間、十歳を過ぎれば少しずつ「自分は、こんなことが得意かもしれない」「こんな人や物事に憧れる」といった気持ちが出てくるもの。それをもとにして、イメージでいえば、

「人生の、あっちの方向に進もう」と進むベクトルを決めるのが「志」なのです。現代でも「お医者さんになって、大勢の命を救おう」「弁護士さんになって、困った人をたくさん助けたい」といった夢を子供が語るのは、まさしく典型的な例でしょう。

この「志」、現代ではとても世間の注目を集めた事件でマスコミに登場しました。ときは二〇〇五年、フジテレビとライブドアがニッポン放送株を争った渦中でのこと。ホワイトナイトとして登場したソフトバンク・インベストメントの北尾吉孝CEOが、ホリエモンこと堀江貴文氏の行動を、こう評したのです。

「『志』と『野望』とは違う」

堀江貴文氏の抱いていたものが本当に「野望」でしかなかったのか、筆者には判断がつきかねますが、確かに両者には越えがたい断絶があります。まず「野望」の方は、ステレオタイプの売れないロックンローラーを借りれば、こんな感じです。

「そのうち大ヒット飛ばしてさあ、プール付きの豪邸に住んで、水着の美女はべらせて、ベンツとかフェラーリ何台も並べてビッグになってやるぜ」

自分や身内の欲望を満たすのが第一で、他人や社会のことなど知ったこっちゃない気持ちが丸出しなわけです。

一方、「志」とは「義」、つまり「みんなのため」を基盤にした夢を持つことに他なりません。「野望」ですと、他人から見れば「勝手にやってれば」としか思えませんが、「志」は「自分たちにも関係あるし、応援しようかな」、そんな気持ちの違いが生まれてくるのです。

この「志」、『論語』には次のような形で出てきます。

○どんな大軍でも、その司令官を捕虜としてつかまえることができる。だが、どんな人間でも、その志だけは奪い取ることができない〈三軍も帥《すい》を奪うべきなり。匹夫《ひっぷ》も志を奪うべからざるなり〉『論語』子罕《しかん》篇

他人が奪おうと思っても奪えない、そんな強靭《きょうじん》な「志」は誰しも抱くことができる、と孔子は信じていました。

でもちょっと嫌な話をしますと、「志」とは人からは奪われなくても、自分自身で腐らせてしまいがちなもの。「世の中の役に立ちたい」「世界のために働きたい」と大志を抱い

て社会人になったはずなのに、業界慣行やお役所気質に染まって、既得権益を擁護する側にまわる人も結構いるわけです。また、「先生は、先生と呼ばれるまでが立派で、先生と呼ばれるようになったらタダの人」という言葉のように、「あの人、成功したら、どうしてこんなダメになっちゃったんだろう」と陰口を叩かれる人も案外少なくない現実もあったりします……。

「自分らしさ」を見極める

さて、「志」が定まったら、あとは社会に出て、そちらに邁進するばかりですが、人生の苦労はここからが山場を迎えます。

なぜなら「志」とは、漠然とした自己認識や憧れをもとに立てられた、いまだ願望レベルの話。このため、厳しい現実に直面すると、足りない部分や合わない部分がボロボロ出てきてしまうからです。

前にも引用したドラッカーには、身につまされる言葉があります。

強み、仕事の仕方、価値観という三つの問題に答えが出せさえすれば、得るべきところも明らかになるはずである。ただし、これは働き始めたばかりでわかることではない。最高のキャリアは、あらかじめ計画して手にできるものではない。自らの強み、仕事の仕方、価値観を知り、機会をつかむよう用意した者だけが手にできる。なぜならば、自らの得るべきところを知ることによって、普通の人、単に有能なだけの働き者が、卓越した仕事を行うようになるからである。(『プロフェッショナルの条件』P・F・ドラッカー、上田惇生編訳、ダイヤモンド社)

「強み」とは、仕事の上で自分の得意なこと。「仕事の仕方」とは、一人で働くのがよいのか、大企業で働いた方が実力が発揮できるのか、といった環境条件。「価値観」は、どんな仕事に満足感を得られるか。

一口でいえば、まさしく仕事における「自分らしさ=性」になるわけですが、ポイントは、「働き始めたばかりでわかることではない」「あらかじめ計画して手にできるものではない」という部分。つまり現実のなかで揉まれてみないと、本当の「自分らしさ」なんてわからない、というのです。

天命

天が与えてくれた人生の道。自分にできること。〈使命〉〈運命〉。

『孟子』という古典には、さらに激烈な言葉があります。

〇天が、その人に重大な仕事をまかせようとする場合には、必ずまず精神的にも肉体的にも苦しみを与えてどん底の生活に突き落とし、なにごとにも思い通りにならないような試練を与えるのである〈天のまさに大任をこの人に降《くだ》さんとするや、必ず先ずその心志《しんし》を苦しめ、その筋骨を労し、その体膚《たいふ》を餓えしめ、その身を空乏《くうぼう》にし、行なうことその為さんとするところに払乱《ふつらん》せしむ〉『孟子』告子篇

天が、その人をわざわざ地獄に突き落として、己を知り、鍛えるための機会を与えてくれるというのです。なんだかスパルタ上司みたいな神様ですが、ここに関わってくるのが「性」の意味なのです。

天は、すべての生きとし生けるものに「性」、つまり「らしさ」を与えてくれます。だから、存在するものは一つとして同じものがありません。この意味で、個々人も、野に咲く一輪の花も、さえずる一羽の雀も、

みな他に代えがたい「オンリーワン」の価値を持っているのです。西欧の概念を使えば、「実存」に近いものでしょう。

でも、これはあくまで「人間社会」とは関係ない局面での話。野に咲き競う花々が摘まれ、人間社会の「商品」として市場に出荷されると、「売り物になる／ならない」という基準をあてがわれ、価値の高低をつけられていきます。

人間もそうですよね。いくら一人一人違うといっても、仕事の場で「誰がやっても同じことしかできない」のであれば、いつまでたっても給料は上がらず、他人から評価してもらえません。現代の派遣社員や期間工にまつわる問題の根底にあるのは、これなのです。

ですから、自分しか持たない「らしさ＝性」を、社会が求める「価値」にまで高めていかないと、現実では活躍できないし、居場所も持てないのです。その契機が、現実に揉まれ、逆境に苦しむこと。辛い苦闘を通じて「自分が本当にできること／できないこと」を摑み取り、「できること」を磨きあげていく、そんな道筋を歩まざるを得なくなるのです。

そして、自分自身ができることと、その限界を知った先に来るのが、「天命」に他なりません。

「天命」を知る

孔子は、七十を過ぎて自分の人生を振り返り、次のような有名な言葉を残しました。良く知られた名言なので、先に書き下し文の方を掲げます。

吾、十有五にして学に志す　【私は十五歳で学問に志した】
三十にして立つ　【三十で自立した】
四十にして惑わず　【四十で迷わなくなった】
五十にして天命を知る　【五十で天命を知った】
六十にして耳順《したが》う　【六十で他人の意見を素直に聞けるようになった】
七十にして心の欲する所に従いて矩《のり》をこえず　【七十で、欲望のままに振る舞っても、ハメをはずすことがなくなった】

『論語』為政篇

十五で「志」を立てて以来、自分の「天命」を知ったのが五十。孔子といえども、現実

使命

自分で切り拓き、勝ち取っていく未来。


の荒波に揉まれ、「天命」を知るまでに三十年以上かかったんですね。

この「天命」は、「自分自身ができることと、その限界を知った先に来る」と先ほど述べたことからわかるように、裏腹な二つの意味を持っています。

まず最初の意味は「使命」。

自分が切り開き、勝ち取っていくべき未来といった意味になります。

要は、自分の力で変えられる局面での振る舞い方。

もう一つの意味は「運命」。

こちらは、自分の力ではどうしようもない、変えようもない局面での身の処し方。能力や環境の持つ限界から、諦め、受け入れざるを得ない現状をどうするか、という話なのです。

ですから「天命」には、面白いことに、「自分の手で変えるべきもの／受け入れざるを得ないもの」という二つの対照的な意味が重ね合わされているのです。

そして、この「天命」を知ることで、人は次のような自覚を持つに至

運命

受け入れざるを得ない現実。

ります。

「自分には、才能や環境の限界があって、不得手な面、他人に任せてしまった方がよい面がある。

一方で、自分だけが上手にできる面、他人と違う個性を発揮できる面もある。この自覚のうえで、自分の居場所を定めて力を発揮する——これが、天が自分に与えてくれた人生の道なのだ」

これを、天命を知る——「知命」といいます。

「知命」は、自分の限界を知った後に悟るからいいんだ、と指摘したのが心理学者の河合隼雄さんでした。

河合　……早ようから天命を知ったりしたらろくなことはないんです。五十まではいろいろやって、煩悩があって、そのあげくに天命がくるから、強くなれるんですね。弱い時に天命を聞くと、金閣寺に火をつけちゃったりとか、そういうような天命になっちゃう。

（「体の音楽、心の音楽、魂の音楽」対談・河合隼雄、『新しい人は新しい

音楽をする』武久源造、アルク出版企画）

金閣寺に火をつける、というのは一九五〇年に当時二十一歳だった学僧が放火、全焼した事件のことです。現実に揉まれ、自分の限界を知らなければ、「おっ、これが自分の天命か」と思ったところで、大抵のところは単なる誇大妄想。そのまま現実社会に出てしまえば、「痛い結果」や「犯罪行為」にしかならないんですね……。

〝楽しむ〟境地

なんだか話の流れが、「人間、苦労しないと成長しないぞ」みたいな説教臭い話になってきましたが、でも、人生はもちろん、そんな面ばかりではありません。『論語』には、こんな極めつけの名言があります。

○何かを知っているというのは、それを好きだという境地に及ばない。しかしそれも、楽しんでいる境地の深さにはかなわない〈これを知る者はこれを好む者に如《し》かず。これを好む者はこれを楽しむ者に如かず〉『論語』雍也《ようや》篇

「花の命は短くて苦しきことのみ多かりき」(林芙美子)という名句のように、人生って苦しいことや辛いことも多いですが、でもちょっと見方を変えてやれば、楽しむ契機も少なくありません。『論語』劈頭《へきとう》を飾る一節など、その典型でしょう。

○習ったことを、折りに触れておさらいし、しっかりと身につけていく。なんと喜ばしいことではないか。志を同じくする友が遠路もいとわずたずねてくる。なんと楽しいことではないか〈学びて時にこれを習う、また説《よろこ》ばしからずや。朋《とも》あり遠方より来たる、また楽しからずや〉『論語』学而篇

自分の成長を実感できたり、友人と励まし合えたりするのって、どんなときでも楽しいよね、と孔子は肩を叩いてくれるわけです。

よく、雨の日に駅のホームでおじさんが、傘をゴルフクラブに見立てて、スイングの練習をやっていたりします。周りにとっては迷惑な行為ですが、やっている本人はとても楽しそう。あの姿が「学びて時にこれを習う」の典型になるわけです。

また、自分の技量が上がった段階で、ライバルのおじさんが訪ねてきて、近所のゴルフコースにプレイしに行くわけです。お互い「なかなかやるなあ」と思いつつ、競技に励む……。これが「朋あり遠方より来たる」という感じでしょうか。

もちろん、これはスポーツや遊びの話ばかりではありません。先ほども引用した王陽明に、こんな言葉があります。

○人は毎日の生活や仕事のなかで自分を磨かなければならない。そうあってこそ初めて成長できるのである〈人はすべからく事上《じじよう》に在《あ》って磨錬《まれん》し、功夫《くふう》を做《な》すべし。乃《すなわ》ち益あり〉『伝習録』下巻

人は日々の仕事や学問に真面目に取り組んでいる限り、成長できるし、その手ごたえに喜びを感じられるもの。そんな気持ちを糧とするなら、「辛い」「嫌だ」という気持ちに足を取られず、わくわくしながら前に進めるわけです。

ただし、こういった人生行路、あまり最初から盛り上がってしまうと、すぐに息切れしがちな面があります。下手に勢い込んで始めた日記やダイエット、語学学習に限って、何

だかあっさり挫折しちゃったっていう経験、みなさんもないでしょうか。
そこで孔子は、ちょっと面白い目安を残してくれました。

人生、あせらずに……

『論語』には、「後生畏《こうせいおそ》るべし」という慣用句の出典となった、有名な次の一節があります。

○若いということは、それだけで豊かな可能性をはらんでいる。これからの人間が今の人間より劣っているとは、けっして言えない。ただし、四十、五十になっても、まだろくな仕事もできないようでは、まったくどうしようもないがね〈後生畏るべし。焉《いずく》んぞ来者《らいしゃ》の今に如《し》かざるを知らんや。四十、五十にして聞こゆることなくんば、これまた畏るるに足らざるのみ〉『論語』子罕篇

○四十歳になっても人から嫌われてばかりいたのでは、もうおしまいだね〈年四十にして悪《にく》まるるは、それ終わらんのみ〉『論語』陽貨篇

ちなみに、「後生（年少者）」の対義語は何かというと、これが「先生」。元の意味は単に「年配者」や「年上」でしかなかったんですね。

閑話休題、四十歳を目安に、「それなりに仕事ができたか」「人から信頼される品性を身につけたか」を考えればよい、そんな絵柄を孔子は描きました。

講演で筆者がこの話をすると、聞いている方の多くは、ゲッという顔をする――おそらく「え、四十歳なんて早くない？」「もう過ぎているけど、全然ダメだよ」と感じられているのでしょう――のですが、安心して下さい、ここには一つ仕掛けがあります。

当時、人の寿命は五十歳が目安でした。つまり、人生八合目まで到達したときの、あるべき姿を孔子は語っていたのです。平均寿命八十歳で換算すると、その八掛けは六十四歳。現代人は長寿になった分、人生の目安とすべき到達点もかなり伸びているわけです。

もちろん、だから安心していいや、という話ではありませんが、

○あせらぬこと、そして目先の小利に惑わされないことだ。あせると息切れを起こすし、小利《しょうり》に惑わされると大きな仕事を成し遂げることはできない〈速《すみや》かなるを欲するなかれ。小利を見るなかれ。速かならんと欲すれば、則ち達せず。小利を見れば、則ち大事

成らず〉『論語』子路篇

という教えを胸に、日々あせらずコツコツと努力を続けて六十半ばも過ぎれば、人はそれなりのレベルに達する、そんな期待が持てるのです。

でも、生きるための努力はもちろん厭わないけれど、その到達点って一体どうやって設定すればいいのだろうか——ということで、ここからは後半のテーマである、「人生の価値をどこに置けばよいのか」に移っていきたいと思います。

生きることの醍醐味とは

実は、中国古典において「人生の目標」を考えるときに、とても示唆深い言葉が存在します。

それが「道」。

ただし、「道」と言っても色々意味がありまして、たとえば老荘思想では「道《タオ》＝世界の法則」といった意味になります。また、『論語』でも多くの場合は「道＝先王の道（昔の素晴らしい王たちが実践した政治の道や、その制度）」と解釈した方がよく意味が通じる面もあります。

しかし、ここで注目するのは前にも挙げた『中庸』という古典の、

○天がその人に与えたものを「性《せい》」と言い、「性」に従うことを「道」と言い、「道」を身につけることを「教《おしえ》」という〈天の命ずるこれを性と謂い、性に率《したが》うこれを道と謂い、道を修むるこれを教と謂う〉『中庸』

にある「道」の意味なのです。この「『性』に従うことを『道』と言い」という部分、もう少し噛み砕いて訳すと「自分らしさを活かせる人生コースを歩みましょう」となりますが、ではこの道をズンズン進んでいくと、一体どこに通じるというのでしょう。

奇妙に聞こえるかもしれませんが、それが「わからない」というのが、人生の醍醐味なのです。そもそも人生って、

「自分が摑み取ったものが、結果として良かったのか悪かったのか、後からでないとわからない」

という側面が、往々にしてつきまとうと思いませんか？

あこがれの企業に就職できた、と大喜びしていたら業界が大不況に見舞われ、自分の人生ボロボロになってしまった――これは戦後すぐの鉄鋼、造船業や、二十一世紀初頭の金融業界など、さまざまな時代に見られる現象です。

また、アタックにアタックを重ねて落とした異性と結婚したら、とんでもないモラハラやマザコンの持ち主で、ボロボロになって離婚したなんてケースも今や珍しくありません。

この意味で、人生という道を前に進んでいく過程では、方向性の見当はつけられたとしても、具体的に満足ができる目標地点までは、事前に特定できないのです。

さらに「人生の道」の終着点は、「本人の死」に尽きるわけですが、それが果たしていつ来るのか、誰にもわかりません。『論語』にも、こんな言葉があります。

○同じ植物でも、苗《なえ》のまま穂にならないものもあるし、穂のまま実を結ばないものもあるのだなあ　〈苗にして秀《ひい》でざる者あるかな、秀でて実《みの》らざる者あるかな〉『論語』子罕篇

人生を稲に喩えた一節ですが、確かにわれわれは終着点をコントロールできないまま、

進んで行かざるを得ないのです。

では、こんな五里霧中な人生において、何が評価され、何が評価されないのか——その典型的な姿を、『論語』のなかからご紹介しましょう。

生き方の見事さと徳目

孔子は、弟子たちとよく、歴史上の人物の論評を行っていたようなのですが、その一つにこんな指摘があります。

○斉《せい》の景公《けいこう》は、四頭立ての馬車を千台も持っていた。しかし、亡くなった時に、その徳を誉める民衆はいなかった。一方、伯夷《はくい》、叔斉《しゅくせい》は首陽山《しゅようざん》のふもとで飢え死にしたが、民衆は、今に至るまでその徳を褒め称えている〈斉の景公、馬千駟《せんし》あり。死するの日、民徳として称することなし。伯夷叔斉、首陽の下に餓《う》う。民今に到《いた》るまでこれを称す〉『論語』季氏《きし》篇

まず、斉の景公という王様は、地位と財産に恵まれたまま世を去りましたが、それはま

ったく当時の人々から評価されなかった、というのです。人生、「何を摑み取れたのか」ではない、と考えられていたんですね。

一方の伯夷と叔斉は、王族の出身だったのですが、徳の高い行為を続けた末に、「汚れた国の食べ物など口にできない」と考え、絶食して死んでしまった古代の二人の賢人でした。「人生という道の終着点」という観点からいえば、彼らの終着点は、本人たちも予想していなかった、きわめて不本意なものだったでしょう。でも、そんな二人の生きざまを民衆は讃えつづけているのです。「道の歩き方」が誰よりも見事だったからに他なりません。

そう、どこに行くのかもわからず、どこで終わるかも知れない「人生の道」。ならば、その歩き方の格好良さこそ評価の対象となるべきではないか、と孔子は考えたわけです。歩く格好良さ、つまり「生き方の見事さ」を決めるのは、「仁」や「義」「信」といった徳目にどの程度適っていたのか、という観点です。

『論語』には、こんな言葉もあります。

○君子というのは、一生の間に、なにかひとつくらいは人から語り継がれるようにな

りたいと願っているものだ〈君子は世を没《お》えて名の称せられざるを疾《にく》む〉『論語』衛霊公篇

「あの人、素晴らしいよ」と後世讃えられるのは、前述した通り、本人が摑み取った地位や財産ではありません。対象の筆頭となるのは、本人の道の歩き方——つまり、生き方の見事さなのです。さらにつけ加えるならば、本人が残した業績、言葉を変えれば、同時代や後世に与えた恩恵の数々になるわけです。

前に登場してもらった渋沢栄一は、この点でも示唆深い指摘を残しています。

世の中には悪運が強くて成功したかのごとくに見える人がないでもない、しかし人を見るに、単に成功したとかまたは失敗とかを標準とするのが根本的誤りではあるまいか、人は人たるの務《つとめ》を標準として一身の行路を定めねばならぬので、いわゆる失敗とか成功とかいうものは問題外で、かりに悪運に乗じて成功したものがあろうが、善人が運拙くして失敗した者があろうが、それを見て失望したり悲観したりするには及ばないでは無いか、成功や失敗のごときは、ただ丹精した人の身に残る糟粕のようなものである。

〈世の中には、悪運が強くて、成功したように見える人もいる。でも、他人を判断するのに、単に成功したか、失敗したかを基準にするのは、根本的な間違いではないだろうか。人というのは、人が当然しなければならない務めを基準として、人生の道筋を定めなければならないもの。失敗や成功など問題外で、かりに悪運に乗って成功した人がいても、善人なのに運に恵まれずに失敗した人がいても、それを見て人生に失望したり、悲観したりすることはないのだ。成功や失敗とは、努力して人生を送った人の身に残るカスのようなものなのだ。〉
(『論語と算盤』渋沢栄一、国書刊行会)

最後に置かれた、「成功や失敗のごときは、ただ丹精した人の身に残る糟粕のようなもの」という一句は、渋沢栄一の屈指の名言といってよいでしょう。この言葉、裏を返せば「丹精」と言い得る努力をし尽くしていない人に、成功や失敗という結果は、いまだ来ていないだけ、ともいえるのです。

この意味で、われわれの多くは、まだ失敗すらしていない人生を送っているのかもしれません。

◎第三章のポイント

●孔子は、自分の摑み切れていないこと――人生は語らなかった。

●〈性〉とは、「らしさ」のことである。

●〈志〉は世のため、〈野望〉は自分のためのもの。志は自らが腐らせてしまうことが多い。

●〈天命〉には、「自分の手で変えるべきもの＝使命」と「受け入れざるを得ないもの＝運命」という、相反する二つの意味がある。天から与えられた自らの道。

●自分の居場所を定めて力を発揮すること――天が自分に与えてくれた人生の道を知ることを、〈知名〉という。

●「生き方の見事さ」は、〈仁〉〈義〉〈信〉などの徳目にどれだけ適っていたかで決まる。

コラム③ 孔子の弟子たち

孔子の弟子は、『史記』という歴史書の孔子世家（孔子の伝記）には三千人、そのうち学問の基礎を身につけていたのが七十二人、別の場所では七十七人いたと記されています。このうち、孔門の十哲といわれる、特に優れたお弟子さんが『論語』には記されています。

○徳行に抜きん出ていたのは顔回《がんかい》、閔子騫《びんしけん》、冉伯牛《ぜんはくぎゅう》、仲弓《ちゅうきゅう》。
弁舌にたけていたのは宰我《さいが》、子貢《しこう》。

政治の手腕にすぐれていたのは冉有《ぜんゆう》、子路《しろ》。

学問に造詣《ぞうけい》の深かったのは子游《しゆう》、子夏《しか》。〈徳行には顔回、閔子騫、冉伯牛、仲弓。言語には宰我、子貢。政事には冉有、季路。文学には子游、子夏〉『論語』先進篇

ちなみに実際に『論語』に出てくるお弟子さんは二十八人、弟子なのかどうかよく

顔回は孔子第一の弟子で、「一を聞いて十を知る」と言われた秀才。三十歳そこそこで亡くなった。

わからない人が三人います。

このなかでとくに有名な弟子を三人ご紹介しましょう。

まずは顔回（字《あざな》は子淵《しえん》、前五二一～前四九〇・前四八二年説もあり）。彼は、孔子が学問上の後継者として期待していた逸材でした。三度の飯よりも学問が好きで、お金に興味がなく、いつも貧乏暮らしをしていました。

『論語』にもこんな一節があります。

○顔回は見上げたやつだ。食べるものといったら一膳飯《いちぜんめし》に一杯の汁、住むところといえば路地裏のあばら屋。並の人間なら貧しさに音をあげるところだが、あれときたら一向に気にする様子がない。まったく大したやつだよ、あの男は〈子曰く、賢《けん》なるかな回や。一簞《たん》の食《し》、一瓢《ぴょう》の飲《いん》、陋巷《ろうこう》に在《あ》り。人はその憂《うれ》いに堪《た》えず、回

やその楽しみを改めず、賢なるかな回や〉『論語』雍也編

こうした生活を続けながら、ひたすら研鑽に励んでいたのですが、結局早死にしてしまい、孔子は「天が私を滅ぼそうとしている」と嘆いたという話があります。

続いては、実行力と信用をうたわれた子路（本名は、仲由《ちゅうゆう》、前五四二〜前四八〇）。彼は今でいう任侠の世界出身という、変わった経歴の持ち主でした。

子路は、ひたむきな人柄で、政治の才能があったといわれる。孔子の年齢に近く、気の置けない弟子だった。

あるとき、孔子という偉そうな先生がいると聞いた子路、一つ脅かしてやれ、と、鶏の羽でつくった冠に、豚の皮のつるぎ飾りという格好で、孔子のところに乗りこんでいったのです。今でいえば、暴走族のいでたちで、クラクションを鳴らしながらバイクを乗りつけ、気に入らない先

生を脅かしてやろうといった感じでしょうか。

ところが、ここが孔子の凄いところなのですが、そんな子路に孔子は学問の大切さを諄々と説き、子路を自分の私塾に入門させてしまうのです。こういったタイプまで魅了してしまうところに、孔子の実力が垣間見えています。

子路は孔子と九歳しか離れていないため、二人は気の置けない子弟でした。孔子は子路をよくからからのですが、しかし、そんな子路から諫言を受けると、結局聞き入れたりもしています。


……………………………………………………………………


そして三人目は、子貢（本名は端木賜《たんぼくし》、前五二〇?〜前四五六?）。ものごとを見通す能力と商才をうたわれ、商売で儲けを出すと、それを諸侯に配り、孔子が各国で重んじられるように取り計らっていたといわれています。

また、彼はインタビューの名手でもありました。『論語』にも、こんな問答があります。

○子貢が政治の課題についてたずねた。孔子が答えるには、

「食糧を確保すること、軍備を充実させること、そして、国民の信頼を得ること、この三つだ」

「では、やむを得ない事情があって、そのうちの一つを切り捨てなければならないとしたら、どれになりますか」

「軍備だよ」

「では、残りの二つのうち、切り捨てなければならないとしたら、どれになりますか」

子貢は言語や商売に才能があったとされ、儲けたお金を孔子やその教団のために使ったという。

「食糧だよ。人間はしょせん死を免れない。それにひきかえ、国民の信頼が失われたのでは、政治そのものが成り立たなくなる」〈子貢、政を問う。子曰く、「食を足らし、兵を足らし、民これを信にす」。子貢曰く、「必ず已《や》むを得《え》ずして去らば、この三者に於《お》いて何をか先にせん」。曰く、「兵を去らん」。子貢曰く、「必ず已むを得ずして去らば、この二者に於いて何をか先にせん」。曰く、「食を去らん。古《いにしえ》より皆死あり。民、信なくんば立たず」〉『論語』顔淵篇

……………………………………………………………………

この一節の読みどころは何より子貢のインタビュー力、質問力でしょう。筆者もインタビュアーを多々経験してきたのでわかるのですが、普通、最初の答えをもらった後に、「もし切り捨てるとしたら」という鋭い質問はまず返せません。しかも、それをたたみかけることで、「民、信なくんば立たず」という名言を引き出しているわけです。子貢の質問力があって、この一節は歴史に残る問答となったのです。

ちょっと余談になりますが、ユダヤ人といえば、アインシュタインやフロイト、カフカといった素晴らしい学術的、芸術的な偉人を輩出していることで知られていますが、そのポイントの一つは質問力、根本を疑う力にあるそうなのです。日本であれば、子供が学校に行くとき「いい子で勉強してくるのよ」とでも声をかけるでしょうが、ユダヤ人の家庭では「今日もいい質問をしてくるのよ」と送り出すそうです。

これにはわれわれも見習うべき点があるのかもしれません。

第四章　孔子の生涯

三十九歳までは迷いっぱなし……

四章では、孔子の生涯をご紹介していきましょう。『論語』の為政篇《いせい》にはこの点で、欠かせない有名な一節があります。

吾、十有五にして学に志す　【私は十五歳で学問に志した】
三十にして立つ　【三十で自立した】
四十にして惑わず　【四十で迷わなくなった】
五十にして天命を知る　【五十で天命を知った】
六十にして耳順《したが》う　【六十で他人の意見を素直に聞けるようになった】
七十にして心の欲する所に従いて矩《のり》をこえず　【七十で、欲望のままに振る舞っても、ハメをはずすことがなくなった】

前章ですでに取り上げたものですが、実はこれ、裏から読むととても面白い光景が見えてくるのです。すなわち、

孔子でさえ十四歳までは学問に志さなかった
二十九歳までは自立できなかった
三十九歳までは惑いっぱなしだった
四十九歳までは天命を知らなかった
五十九歳までは他人から忠告を受けるとバカヤローと思っていた
六十九歳までは、欲望のままに振る舞うと、社会的規範を逸脱してしまった――

なんだか、孔子にとても親近感が湧いてきそうな内容ではないでしょうか。でも、意外なようですが、こんな所にこそ彼の真の偉大さが隠されてもいるのです。なぜって、人は年を取ってくると、どうしても精神的な柔軟さを失いがちだからです。知らず知らずのうちに「あの人、もう四十過ぎているし、何言ってもダメよ」とか「三十五過ぎちゃうと、なかなか変わらないよね」とか、他人から陰口を叩かれるようになっていたりするんですね……。

でも孔子は、こうした欠点から完全に免れていました。常に、自分の弱点を自覚し、それを克服しようと努力し続けたのです。当たり前そうでなかなかできないことを、着実に行える——これが孔子の凄みだったわけです。

そして、「三十にして立つ、四十にして惑わず」という一節は、まさしく孔子の生涯の道筋とそのまま重なり合ってもきます。

この四章では、孔子の述懐を基調において、彼の波乱の多い人生を追いかけていきたいと思います。

殷の末裔にして、周の素晴らしさを知る

孔子は、紀元前五五二年、魯という国の昌平郷《しょうへいきょう》、陬邑《すうゆう》(現在の山東省《さんとん》曲阜《きょくふ》市)で生まれました。生没年に関しては諸説ありますが、重要なことは、彼がいつ生まれいつ亡くなったのか、ほぼわかっていること。この時代、王侯以外で、生没年がわかっている人はほとんど存在しません、孫子、孟子、墨子、荀子、老子、荘子といった思想家はすべて正確な生没年は不詳なのです。

つまり、彼は当時から人々の注目の的であったことが、この事実からもわかるのです。

名は丘《きゅう》。当時、名前はとても大切なもので、年上の親族と師匠以外は呼んではいけない

春秋時代の中国

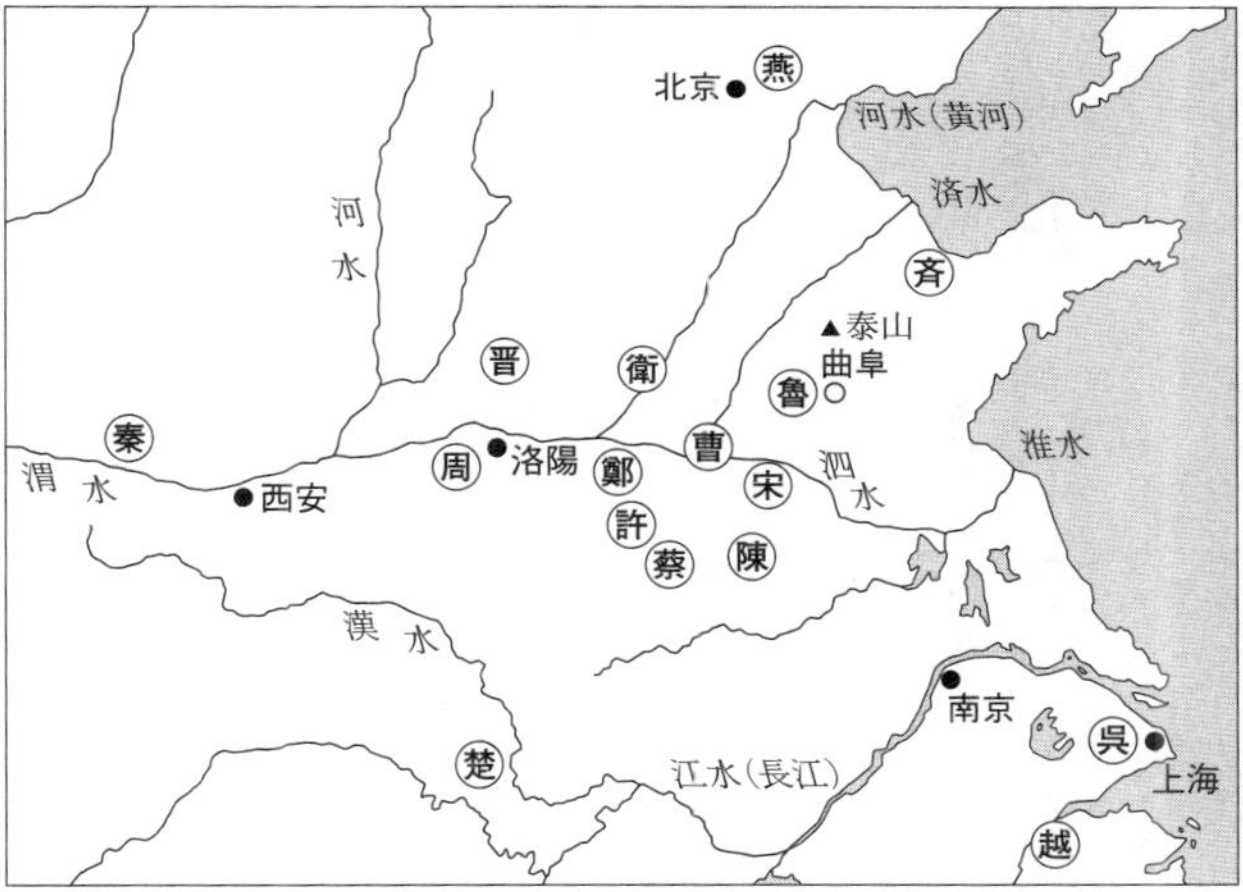

◯は国名　●は現在の主要都市

ことになっていました。そこで、ニックネーム（字《あざな》）を自分でつけました。それを仲尼《ちゅうじ》といいます。

父の名は孔紇《こうこつ》、字は叔梁《しゅくりょう》といい、名と合体させて叔梁紇ともいいます。身分は下級貴族である「士」でした。

母の名は顔徴在《がんちょうざい》。祈禱師だったようです。また、異母兄もいて、孟皮《もうひ》といいます。

孔子が三歳のときに、父の叔梁紇が亡くなり、母方に引き取られて育てられました。そのまま幼少期を過ごし、十五歳で学問に目覚めるわけですが、ここには彼の育った環境が重要な役割を果たしたと推測されています。

彼の家柄は、殷《いん》の末裔《まつえい》でした。

殷王朝は、紀元前十世紀ごろに周に滅ぼされ、その遺民たちは、自分たちの文化を守ったまま各地で寄り集まって生活していました。殷は別名「商《しょう》」ともいいますが、当時賤しいとされたあきないに手を染める殷人が多かったため、その仕事を「商」と呼ぶようにもなったのです。

孔子は、この殷人の末裔だったため、幼い頃に教えられたのは殷の文化や教養だったのではないか、という説を唱える人もいます。確かにそう考えると、孔子の学問への態度が、実にすっきり説明できるのです。

人って、それが当たり前だと思っている事象は、他人からあらためて指摘されないと、その意義や問題点がよくわからないことがありますよね。

会社でも、転職や異動を経験すると、前にいた会社や部署との比較から、今のポジションの抱える問題点や素晴らしさがよく目についたりするわけです。でも次第に、異動先のやり方や文化に馴染んでしまい、「そんなものかな」と思うようになっていくものですが。

孔子も、殷の文化を幼い頃に吸収したあと、同時代の周王朝の文化を学んでいった、と考えると、『論語』の次の言葉も腑に落ちるのです。

○周の文化は、夏と殷の二代にわたる伝統を受け継いで、生き生きと花開いた。私は、この周の文化を継承していきたい〈周は二代に監《かんが》みて、郁郁乎《いくいくこ》として文《ぶん》なるかな。吾は周に従わん〉『論語』八佾《はちいつ》篇

孔子は殷の文化を熟知していたため、おそらく周の文化の素晴らしさを誰よりも感じ取れたのでしょう。二章で登場してもらった渋澤健さんは、アメリカ育ちなのですが、「海外の暮らしが長い日本人は、面白いことに右寄りの考えを持つ人が多いんですよ」と語っていたことがあります。孔子の周への絶賛と、相通じる話ではないでしょうか。

孔子はとくに、この周の文化制度を創始したといわれる周公旦《しゅうこうたん》（周公）という人物に、熱狂的な憧れを抱いていました。『論語』にはこんな言葉が残されています。

○ああ、私もすっかり気力が衰えてしまった。周公が夢に現れなくなって、もうどれくらいたっていることか〈甚《はなは》だしいかな、吾が衰えたるや。久しいかな、吾また夢に周公を見ず〉『論語』述而《じゅつじ》篇

裏を返せば、体力が充実していた若い頃は、周公を何度も夢に見ていたわけです。まるでアイドルの追っかけのように、恋い焦がれていたんですね……。

ただし、ここが孔子の凄い所なのですが、そんな熱狂の対象であった周の文化に対して、彼は贔屓《ひいき》の引き倒しになりませんでした。

『論語』には、こんな言葉もあります。

○孔子の弟子の顔淵が、国の治め方について尋ねた。孔子が答えるに、「夏王朝で使っていた暦《こよみ》を使い、殷王朝で使っていた馬車を使い、周王朝で使っている冠を使いなさい」〈顔淵、邦《くに》を為《おさ》めんことを問う。子の曰く、夏《か》の時《とき》を行い、殷《いん》の輅《ろ》に乗り、周の冕《べん》を服す〉『論語』衛霊公篇

周は素晴らしいが、その前の王朝の殷や夏に最良のものがあれば、そちらを採るという、使い分けを考えていました。言葉を変えれば、孔子にとっては、歴史も一つの道具にしか過ぎなかったのです。だからこそ、周の文化をも現在や未来のために使えるか、という観

点で取捨選択できたわけです。ここにも、先ほどの比較の視点が活きていたのでしょう。現代でもそうですが、ある考え方を熱狂的に支持し、それしかないと思いこんでいる人間と、現状に応じて柔軟に過去の素材から採用していこうと考える人間では、おそらく後者の方が現実的な成果を上げられるわけです。孔子とは、後者の典型のような人物に他なりませんでした。

孔子の学び方

さて、孔子は学問に志したのは良いのですが、何せ地位も低く、金銭にも恵まれていませんん。そこで、現代でいえば新聞配達をしながら予備校に通うような、苦学の生活を送っていました。具体的には、貴族の家で倉庫の出納がかりや家畜の世話などのアルバイトに従事し、生活費を稼ぎながら、勉学に励み続けていたのです。

○私は若いころ貧しかった。それで、いろいろとつまらぬ仕事までおぼえたのだ〈吾少《わか》くして賤《いや》し。故に鄙《ひ》事《じ》に多《た》能《のう》なり〉『論語』子罕《しかん》篇でも、ふと横を見れば、地位や財産に恵まれた貴族の子弟が、当時の貴族向け学校のようなところで恵まれた教育を受けているわけです。そんな彼らに怨みがましい気持ちを抱いたこともあったのでしょう、こんな述懐も残しています。

○貧乏していても人を恨まない、これはむずかしい。金持ちになっても人を見くださない、こちらの方がまだやさしい〈貧しくして怨むことなきは難《かた》く、富みて驕《おご》ることなきは易《やす》し〉『論語』憲問《けんもん》篇

孔子とて人の子、他人をうらやましく思ったり、ねたみがましい気持ちを抱くこともあったわけです。おそらくこんな境遇で苦労したことが、彼を「人情の機微がわかる人」に育て上げてもいったのでしょう。

しかし、貧乏でまともな学校に行けなかった孔子、どうやって学問を修めたのかというと、当時の有識者の元をたずねて、今で言う取材やインタビューの形で知識を習得していたようです。弟子の子貢《しこう》が、孔子の勉強の仕方について次のように述べています。

○周王朝をつくった文王や武王の道は、まだまだ有識者によって受け継がれています。すぐれた人は文化制度に通じ、そうでない人でも日常の礼に通じています。こうして残された文王と武王の道を、先生は多くの方について学んだのです。決まった師匠というのはもたれなかったようです〈文武《ぶんぶ》の道はいまだ地に墜《お》ちずして人に在り。賢者はその大なるものを識《し》り、不賢者はその小なるものを識る。文武の道あらざるなし。夫子《ふうし》いずくにか学ばざらん。而してまた何の常師《じょうし》かこれあらん〉『論語』子張《しちょう》篇

こんな生活を続けているうちに、学問も身に付き、やがて周囲から「なかなかの学識者がいる」という評判が立つようになります。

彼はこうした知識を元手に、仕官して政治家や官僚になるのがもともとの目標でした。しかし、当時は家柄や地位が何よりものを言う時代、孔子にはなかなか声がかかりません。そこで孔子は仕方なく、現代でいえば就職予備校のような私塾を開きました。得意の学識を活かして生徒を集め、自活を試みたのです。

まさしく「三十にして立つ」でした。

彼が私塾で行った具体的な講義の内容は、『書経』や『詩経』といったテキストをもと

にした講義や、儀礼についての実習だったようです。

そしてこの自立が、一つの跳躍台となって、現代でも議論の多い——現実にあったことだ、いや作り話だといった論争が続く——老子との面談という話に繋がっていきます。

老子とは会えたのか

孔子は自分の開いた私塾を、非常に安い謝礼で多くの人に門戸開放していました。

○一定の入学金を納めさえすれば、どんな相手でも、弟子として入門を認めた〈束《そく》脩《しゅう》を行うより以上《いじょう》は、吾いまだかつて誨《おし》うるなくんばあらず〉『論語』述而篇

当時こうした活動をしていた人物は、現存する資料を見る限り他にはなく、孔子は、「学術を一般の人々にまで開放した祖」であったと考えられています。当時は高級貴族の独占物だった知識を、下級貴族や庶民レベルまで、学べるようにしてくれたんですね。後世、孔子が聖人として崇められていくにつれ、この活動に尾ひれ羽ひれがつく形で、「中国の重要な学術はすべて孔子が創っ

た」「孔子がすべて祖述した」といわれるようになったりもしました。ただし現在では、さすがにちょっと大袈裟だろうと考えられています。

前に触れたように、孔子は相手基準で弟子を育てるのが上手かったり、また「俺を見習え」などとは一切いわない教育方針をとっていました。このため生徒の受けもよく、「素晴らしい塾だ」と評判になっていったようです。やがて、魯の実力者の子弟も入門してくるようになりました。しかもそんな実力者の子弟の一人が、

「自分の師である孔子と一緒に、周王朝の首都に留学したい」

と父親にかけ合い、それが認められるという出来事があったのです。孔子もチャンスだと思ったのでしょう、その子弟とともに、周王朝の首都である周に留学に向かいました。

このとき都で、現代でいう国立国会図書館の司書を務めていたのが、老子であったようだ、と『史記』という歴史書には記述されています。

以下、歴史書の『史記』の「老子韓非列伝」にある記述を引いてみましょう。

孔子が、周を訪ねたとき、老子に礼のことを質問しようとした。すると老子は、

「あなたの言葉の出所となった人々は、もうその人自身はおろか、骨さえも朽ち果て

て、言葉しか残っていません。

そもそも立派な人間は、チャンスがくればそれに乗じ、タイミングが悪ければ去って行ってしまうもの。わたしは、こう聞いています。

『良い商人は、品物をしまいこんで、何もないように見せかけ、立派な人間は、盛んな徳を隠して愚か者のような顔つきをしている』

あなたの、高慢さや欲深さ、もったいぶったさまに、理想にのめり込む性癖を、捨て去ってしまいなさい。みな、あなたには余計なものです。あなたにかけられる言葉は、こんなことだけです」

孔子は立ち去ると、弟子たちにこういった。

「鳥が飛ぶさま、魚の泳ぐさま、獣の走るさまを、いずれも私は知っている。だからこそ、走る獣は網で捕まえられるし、泳ぐ魚は糸で釣れるし、飛ぶ鳥はひも付きの矢で射ることができる。

しかし、相手が竜では、どうしようもないよ。風雲に乗じて、天にでも昇るのだろうか。今日、老子とお会いしたが、まさに竜のような人物だったよ」

古来、この話は本当にあったかあやしい、と疑われ続けてきました。

そもそも老子は、この話がある『史記』という歴史書にも、詳細がわからないと書かれているような謎の人物。しかも、現存する『老子』は、その内容から戦国時代末期以降に成立したのが有力だと考えられていました。孔子の活躍した時代とは、全然合わないんですね。

このため、おそらく老子の思想を信奉する人々が、「俺たちの開祖である老子が、孔子を教えた話をつくれば、自分たちの方が儒教より尊い教えに見られる」と捏造《ねつぞう》した話を『史記』が採録したのではないか——そんな推測がなされていたのです。

ところが、最近の遺跡の発掘状況から、『老子』という古典の成立がかなり古い（遅くとも戦国時代初期から中期）ことがわかり、司馬遷が『史記』で描いた老子の像、ひいては孔子との会談も本当だったのではないか、という説が中国では盛んに唱えられるようになっています。

真偽の程はまだつまびらかになっていませんが、中国各地で続く遺跡の発掘ラッシュによって、孔子や老子の本当の姿がわかる日もいつかくるのかもしれません。

まずは他人を認める

さて、孔子は自分の弟子を育て、官僚や政治家として、国に送り込むことを生業としていましたが、もちろん自分自身も国政で活躍したいと考えていました。

しかし、なかなかその日は来ませんでした。これには大きな理由があります。

孔子の活躍した時代、一章でも触れたように下剋上が進み、王の実権を諸侯が奪い、その諸侯の実権を有力家臣が奪うという図式が進行していました。

そんな状況のなか、孔子はいわば「創業者精神に帰れ」をキャッチフレーズに、この状況を立て直そうとしました。天子や君主を中心とした理想的なトップダウン体制に国や天下をもどそうというのです。

しかし、これが実現すると、せっかく権力を握っていた下剋上の勢力は、力を失ってしまいます。

孔子のいた魯の国でも、季孫氏《きそん》、叔孫氏《しゆくそん》、孟孫氏《もうそん》という君主の親戚にあたる三つの家が国政を牛耳っていました。かれらを通称、三桓《さんかん》といいます。三桓は、自分たちの実権を脅かす孔子を、当然、政治の場に引き入れようとしませんでした。

結局、既得権益がはびこっている状況で、何の権力もない者が「既得権益をぶっ潰せ」と唱えていても、誰も相手にしてくれません。

これには孔子も、忸怩《じくじ》たる思いを抱いたのでしょう。こんな言葉を残しています。

○人から認められないと嘆く必要はない。むしろ、他人の真価に気づかないでいる自分の方こそ責めるべきだ〈人の己を知らざるを患《うれ》えず、人を知らざるを患う〉『論語』学而篇

弟子たちに語った体裁の言葉になっていますが、これに類する言葉が『論語』には全部で四カ所も収録されています。仕官できない自分に言い聞かせるため、孔子は何度も口にし、それがそのまま『論語』に反映されたのではないか、ともいわれています。

しかし、そんな葛藤も四十を過ぎる頃には、吹っ切れたのでしょう、「四十にして惑わず」という言葉が残されています。

なぜ孔子が「不惑」に至ったのか。現代でいえば、こんな話が参考になるかもしれません。成功した社長の回顧録などを読むと、よく書かれているのが、次のような経験なので

す。

「左遷されて、一時はふてくされていたが、今の持ち場でベストを尽くすしかないと吹っ切れたら運が向いてきた……」

孔子も、時代の逆境のなかで、良い意味で吹っ切れたのかもしれません。

孔子の転機

そんな孔子も、四十代の後半に差し掛かった頃、ようやく風向きが変わってきます。魯の国での下剋上がさらに進み、有力家臣の番頭役が、実権を奪うという事態にまで発展し始めるのです。

その代表的な人物が、陽貨《ようか》（陽虎《ようこ》ともいいます）。彼は一番勢力の強かった季孫氏の番頭役でしたが、実力を背景に、三桓を抑え込んで、魯の国の実権を奪い取ったのです。

陽貨としては頼りになる相棒が欲しかったのでしょう、野にうもれていた孔子に目をつけました。『論語』には、こんな話があります。

○陽貨は孔子に会いたいと思っていたが、孔子は会おうとしなかった。そこで陽貨は、

孔子に子豚を贈った。礼の決まりでは、相手の家に挨拶に出向かなくてはならない。そこで孔子は、陽貨の不在のときを見計らってお礼を済ませた。ところが帰り道、陽貨にばったり会ってしまう。

陽貨は、こう切り出した。

「こちらに来ないか、一緒に話そうじゃないか。宝のような才能がありながら、国の混乱を放っておく。これは仁者と言えるのだろうか」

孔子は答えた。

「言えないでしょう」

「ぜひ政治に参加したいと言いながら、好機を失ってばかり。これで知者と言えるのだろうか」

「言えないでしょう」

「いたずらに月日は過ぎ、年を重ねるばかりではないか」

孔子は言った。

「わかりました。お仕えいたします」〈陽貨、孔子を見んと欲す。孔子見ず。孔子に豚《いのこ》を帰《おく》る。孔子その亡《な》きを時として、往きてこれを拝す。これに塗《みち》に遇《あ》う。孔子に謂いて曰く、

「来たれ、予《われ》、爾《なんじ》と言わん」。曰く、「その宝を懐《いだ》きてその邦《くに》を迷わす。仁と謂うべきか」。曰く、「不可なり」。「事に従うを好みて、亟時《しばしば》を失う。知と謂うべきか」。曰く、「不可なり」。「日月《じつげつ》逝く。歳《とし》、吾と与《とも》にせず」。孔子曰く、「諾《だく》、吾まさに仕えんとす」〉『論語』陽貨篇

孔子の唱えていた「仁」や「知」を使って、逆に彼を追い詰めていく手腕など、さすがに実力で一国を支配した陽貨というべきでしょうか。この結果、お仕えいたします、と孔子は答えていますが、しかし、これは言い逃れの方便だったようです。孔子は結局、仕えずに逃げてしまいました。

しかし、これだけで誘いは終わりませんでした。公山弗擾《こうざんふつじょう》といった叛乱勢力からも（後には仏肸《ひつきつ》という叛乱者からも）孔子に誘いがかかります。ここで可笑しいのは、孔子が常に乗り気で、行くつもりマンマンになること。そして、その止め役はいつも子路だったのです。

○季氏の家臣の公山弗擾が季氏《き》の領地である費《ひ》を占拠して叛乱を起こしたとき、孔子を叛乱軍に招こうとした。孔子は応じようとしたが、子路は食ってかかった。

「とんでもないことです。何を好んで叛乱に加担されるのですか」

孔子が答えるには、

「わたしを招くからには、必ず何か考えがあってのことに違いない。だれでもよい、わたしを使ってくれる者がいたなら、この手で理想の政治を実現してみせるのだが」

〈公山弗擾、費を以って畔《そむ》き、招く。子往《ゆ》かんと欲す。子路説《よろこ》ばずして曰く、「之《ゆ》く末《な》きのみ。何ぞ必ずしも公山氏にこれ之《ゆ》かん」。子曰く、「それ我を招く者にして、あに徒《ただ》ならんや。もし我を用うる者あらば、吾それ東周《とうしゅう》を為さんか」〉『論語』陽貨篇

子路は、『論語』のなかで、孔子にからかわれたり、あきれられたりといった役どころが多い弟子なのですが、それはあくまで表面的な話。いざ、というとき孔子に本気で諫言できるのは、年が近いこともあって彼一人でした。そして、孔子はそんな子路の言葉をいつも聞き入れていたのです。二人は、強い信頼関係で結ばれた無二の子弟でした。

陽貨の叛乱に話をもどしますと、一時期彼が魯の実権を牛耳るのですが、やがて三桓が勢力を盛り返して、陽貨を魯の国から追い出すことに成功します。

そして、これがきっかけとなって魯の実力者の間で、孔子の評価が高くなっていくので

す。いろいろ小うるさいことを言っているが、下剋上の陽貨にも叛乱勢力にも手を貸さなかった、こいつは見所があるのではないか――。

ここから、孔子の政治家としての活躍が始まるのです。

声望を上げる

孔子、五十一歳にして、ようやく中都という町の長官に任命されます。ここでの評判がよかったらしく、この後、今でいう建設・土木大臣や警察長官などを歴任していきます。

孔子は心のなかで、王や君主を中心とした理想的なトップダウン体制に、魯の国を変革したいという理想をずっと抱き続けていました。しかし、下っ端の分際で改革を叫んでも、潰されてしまうのが組織の宿命でもあります。

そこで、権力を握るまで、じっと我慢を決め込むことにしたようです。当時の最大勢力だった季孫氏に対して、ひたすらイエスマンを続けたという記述が歴史書には残されています。

ところが、斉という隣国が、この状況に危機感を抱き始めます。孔子のような賢人が力を奮って魯が力を増すと、斉の国益が損なわれてしまうと考えたのです。

そこで斉は、孔子を政治的に追い落とそうと画策します。まず、君主同士がよしみを確認し合う、「会盟」というトップ会談を申し入れ、魯の了承をとります。これを「夾谷《きょうこく》の会」といいます。

すると斉の都合の良いことに、孔子はこの会の介添え役、いわば司会進行責任者に任命されたのです。この会談を混乱させれば、孔子は責任を問われ、失脚する、そう目論んだ斉はこんな手を打ってきました。

おごそかな儀式の最中に、踊り子や芸人、音楽家を乱入させて、会を混乱に陥れ、介添え役の孔子を責任が問われる事態に追い込む――。

しかし、孔子もさるもの、斉の打ってくる手を見事にさばいていきます。乱入してきた音楽家を一喝して下がらせ、芸人に対しては、その場でとらえて処刑するという果断な手で対抗したのです。

孔子に恥をかかせようとして、逆に恥をかいてしまった斉の君主は、おわびをせざるを得ない羽目になり、むかし魯の国から奪い取った領土の返還を申し出ます。

孔子の声望は、否が応でも高まりました。また、内政面でも、秩序を乱していた人物を死刑とし、落とし物があってもネコババする者がいないほど、治安を安定させることに成功します。

機が熟したと考えた孔子は、かねてから温めていた改革案の着手に乗り出します。

孔子の驕り

孔子の改革案、それはまず三桓の軍事力を削いでしまうことでした。

そもそも、なぜ下剋上が起こるのかと言いますと、前にも触れたように、組織の末端にいる方が実際の兵士と強い絆をもち、軍事力を把握しやすくなるからなのです。

三桓の場合、さらに軍事力の源泉となっていたのが、城郭都市でした。当時は、城といっても街自体を城壁でぐるっと囲ったもので、いわば町全体が一つの城塞になっていたのです。

孔子はまず、三桓を説得して、この城塞都市の城壁を破壊しようとしました。その理屈はこうです。

先ほどの陽貨のように、三桓自身も、自分の有力家臣からの下剋上に悩んでいましたが、多くの場合、城塞都市を家臣に乗っ取られ、立てこもられてしまう形でした。

そこで孔子は、もし下剋上でお悩みならば、城の城壁を壊してしまえば、叛乱した家臣も立てこもる場所がなくなり、下剋上は起こしようがなくなりますよ、と説いたのです。

この提案は、季孫氏と叔孫氏には受け入れられ、両家はみずからの城壁の破壊をはじめます。このとき説得工作の先頭に立っていたのが弟子の子路でした。ところが、三桓の家臣のなかには、孔子の意図を疑うものも出始めていました。『論語』には、こうあります。

○公伯寮《こうはくりょう》という人物が、子路《しろ》を季孫子《きそんし》に訴え出た。孔子に理解のある子服景伯《しふくけいはく》という貴族が、孔子にこういった。

「季孫氏が、公伯寮の訴えによって、気持ちをぐらつかせています。私の権力を使えば、公伯寮を死刑にして、市場《いちば》にさらしものにするくらい簡単ですが」

すると、孔子はこう答えた。

「道が行われるのも天命、行われないのも天命です。公伯寮ごときが、この天命をどうできるというのでしょう」〈公伯寮、子路を季孫に愬《うった》う。子服景伯以って告げて曰く、「夫子固《もと》より公伯寮に惑《まど》える志あり。吾が力なおよくこれを市朝《しちょう》に肆《さら》さん」。子曰く、「道のまさに行われんとするや、命なり。道のまさに廃《すた》れんとするや、命なり。公伯寮それ命を如何《いかん》せん」〉『論語』憲問篇孔子は自信満々、自分には天命が味方しているから大丈夫、と答えているのです。

ところが、あにはからんや、改革は挫折してしまうのです。最後の孟孫氏が城壁を壊す段階になって、その家臣が反対し、取りやめになります。孔子は軍隊を率いて孟孫氏を攻めますが、落とすことができません。そうこうしているうちに、疑心暗鬼にかられていた季孫氏と叔孫氏が、また城壁を再建してしまうのです。

孔子の改革は、こうして完全なる失敗に終わりました。信じていた天命が、孔子には味方してくれなかったのです。

この話から、われわれが教訓を汲み出すとすれば、次のようになるかもしれません。

「順境のときの天命は信じてはならない、それは驕りの徴候かもしれないから」

孔子でさえ、調子の良いときの天命を信じて、失敗してしまったのです。驕りには不思議と報いが来るのが人生、というものなのでしょうか……。

こうして、孔子は魯の国にいられなくなり、諸国を放浪の旅に出ることを余儀なくされます。

登用を求めた旅

孔子は、自分の政策を採用してくれる国を求めて、中国国内を放浪します。現代でいえば、個人営業の経営コンサルタントが、自分の所の企業戦略を採用しませんか、と企業回りを続けるようなものでした。

その間、足かけ十三年。しかし、結論から先に言ってしまえば、孔子を登用する国はありませんでした。結局、どこの国も魯と同じで、有力家臣が下剋上で権力を握っている状態であり、孔子の唱えた政策は受け入れがたかったのです。

この放浪中の印象的なエピソードをいくつかご紹介しましょう。

○孔子の一行が儀《ぎ》の町に宿をとったときのこと、土地の役人が面会を申し入れてきた。

「どなたでも他所からおいでになった方とは、役目がらお目にかかることにしております」

取次の者が孔子にひきあわせたところ、役人は退出してから弟子たちにこう語った。

「皆さん、旅の苦労を嘆かれるには及びません。天下に道が失われてから久しくなりますが、だからこそ天は先生を木鐸《ぼくたく》として、この社会につかわされたのですぞ」〈儀の封人見《ほうじんまみ》えんことを請う。曰く、「君子のここに至るや、吾いまだかつて見るを得《え》ずんばあらざるなり」。従者これを見《まみ》えしむ。出でて曰く、「二三子《にさんし》、何ぞ喪《うしな》うことを患《うれ》えんや。天下の道なきや久し。天まさに夫子を以って木鐸となさんとす」〉『論語』八佾篇

現代でも新聞のことを「社会の木鐸」と表現しますが、その出典となったのがこの一節です。孔子一行の活動に期待を寄せる人々もいたわけです。

しかし、先ほども述べたように、どの国でも孔子は登用されることがありませんでした。君主がその気になっても、権力を握っている家臣たちが、自分たちのいわば利権を守るために孔子の登用を潰してしまうのです。ときによっては、孔子一行を武力などで脅して、自国から退去させようとしたケースもありました。

宋という国では、大木の下で礼の練習をしていた孔子一行に、桓魋《かんたい》という人物が襲撃を加え、大木を引き抜いてしまったといいます。このとき、孔子はこう口にしました。

○天は、私に徳をさずけられたのだ。桓魋《かんたい》ごときが私に何をできよう〈天、徳を予《われ》に

生《な》せり。桓魋それわれを如何《いかん》〉『論語』述而篇

ここでも孔子は、天を口にしますが、この場合は女神がほほ笑んでくれて、運よく脱出することができました。しかし、災難はこれで終わりません。陳《ちん》の国から楚という国に向かう最中、戦乱に巻きこまれて立ち往生し、食糧の調達もままならなくなって孔子の従者は飢えて立つこともできなくなります。『論語』にはこうあります。

○孔子の一行が陳の国で飢えに迫られたときのことである。弟子たちは疲れのあまり立ち上がることもできない。腹を立てた子路が、孔子に食ってかかった。

「君子でも窮することがあるのですか」

孔子が答えるには、

「無論、君子でも窮することがある。だが、小人は窮すると取り乱す。そこが違う所だよ」〈陳に在りて糧《りよう》を絶つ。従者《じゆうしや》病みて能《よ》く興《た》つなし。子路慍《いか》り、見《まみ》えて曰く、「君子もまた窮することあるか」。子曰く、「君子固《もと》より窮す。小人窮すればここに濫《らん》す」〉『論語』衛霊公篇

このときも運よく脱出ができましたが、孔子一行の旅は苦難の連続だったのです。ちなみに、このとき楚という国に向かい、そこで出会ったのが隠者たちでした。こんな話もあります。

○接輿《せつよ》と呼ばれる楚《そ》の変人が、歌をうたいながら、孔子の車の前を通り過ぎた。
「鳳《ほう》よ、鳳よ、
徳のすたれた世の中に、迷い出るとはどうしたことだ、
昔の夢を追ってはならぬ、明日という日に備えることだ、
おやめなさい、おやめなさい、政治に手を出すときじゃない」
孔子は車からおりて声をかけようとした。しかし、接輿は孔子を避けるように逃げ去ってしまい、ともに語り合うことはできなかった〈楚の狂接輿《きようせつよ》歌いて孔子を過ぐ。曰く、「鳳や鳳や、何ぞ徳の衰えたる。往く者は諫《いさ》むべからず、来る者はなお追うべし。已《や》みなん、已みなん。今の政に従う者は殆《あや》うし」。孔子下りてこれを言わんと欲す。趨《はし》りてこれを辟《さ》く。これと言うを得ず〉『論語』微子篇

鳳とは、金閣寺の上にも乗っている鳳凰のことで、孔子になぞらえています。風刺の内容からいって、接輿はかなり学のある人間ですが、それもそのはず隠者とは、おそらく当時の政治難民たちだったのです。

孔子のおとずれた楚の領地は交通の要衝で、もともと蔡という国のあった所。ところが小国であったため、国替えを大国の楚から強要され、国ごと引っ越した跡地だったのです。しかし、住みなれた土地にいたいという蔡の貴族も当然いました。かれらは庶民に身を落として、農業に従事しながら住み慣れた国に残り、隠者となったのです。

現代で喩えれば悪辣なM&Aで企業を買収された役員たちが、愛社精神捨てがたく、一工員として働いているようなものでしょう。彼らは、孔子のような人物に、複雑な気持ちを抱いていました。

孔子のやろうとしていることは、確かに素晴らしいかもしれない。しかし、ご立派な大義を戦わせているうちに、下の人間が辛酸をなめ続けているではないか。しかも孔子は、母国の魯で失敗した人間、余所の国にきて、何を押し付けようというのか……おそらく隠者たちの思いは、こんな感じだったのでしょう。

そして、孔子は、各国の事情や隠者たちの存在を目の当たりにして、一つ大きく考えを変えたことがありました。

それは、政治とは結果を出さなければ、ダメ、過程が重視される人生とはちょっと違う、ということなのです。

為政者は〝結果〟を出せ

『論語』のなかには、春秋時代の初期に活躍した管仲《かんちゅう》という名宰相《さいしょう》の評価が二カ所で出てくるのですが、面白いことに二つは対極の内容なのです。

まず、一つは、管仲は私生活がだらしなく、贅沢をしていたので、とても評価に値しないという一節。管仲を品性の面から全否定したような内容になっています。ところが、もう一カ所は次のように変わります。

○管仲は桓公を補佐して諸侯の盟主にし、その力で天下の秩序を回復させた。彼の恩恵は今日にまで及んでいる。もし彼の働きがなかったら、われわれは異民族の支配下に陥って、彼らの風俗を強要されていたに違いない〈管仲、桓公を相《たす》けて、諸侯に覇た

らしめ、天下を一匡《きょう》す。民、今に至るまでその賜《し》を受く。管仲微《な》かりせば、吾それ髪《はつ》を被《こうむ》り衽《じん》を左にせん〉『論語』憲問篇

管仲は見事に結果を出した人間ではないか、それは何より素晴らしいというのです。これは、きわめて現代的な問題を投げかける言葉でもあります。

たとえば、現代の政治家を考える場合、私生活がだらしなく、愛人もいるような人柄だが、好景気を持続して素晴らしい治績をあげられる人物がいたとします。一方、品行方正、謹厳実直だが、国内外で政治を混乱させてしまう人物がいたとします。果たしてどちらを為政者に選ぶべきなのか。

ちょうどアメリカのクリントン元大統領と二代目ブッシュ前大統領を思い浮かべてしまうような対比ですが、孔子は迷わず前者を取るべきだと考えるようになったのです。管仲はまさに前者の人物でした。そして、政治の失態のもたらす悲惨な現実が、おそらく孔子の態度をそう変えたのです。

晩年の孔子

さて、孔子が諸侯の国々をさまよっている間、孔子の弟子のなかには、魯の国で地位を得て、活躍する人物も出始めます。彼らは、孔子が魯に帰国できるよう運動を始めます。おりよく、政治改革の一件で孔子を憎んでいた季孫氏の当主が亡くなり、孔子の帰国を阻む障害が取り除かれました。孔子はようやく魯への帰国が許されます。

孔子は帰国した後、会社でいえば相談役のような立場で、有力者に諫言したり、文化制度の整理に着手したり、弟子の活躍を見て回ったりしました。

『論語』にはこんな話があります。

○孔子が、弟子の子游《しゆう》の治めている武城《ぶじよう》にいくと、人々が琴にあわせて歌をうたっていた。孔子は、にっこりと笑って、

「にわとりをさばくのに、何も牛刀をもちださなくてもなあ」

と口にした。すると子游は、

「私は昔、先生からこうお聞きしました。君子が道を学べば人を愛するようになるし、

小人が道を学べば、分をわきまえて使いやすくなると」

孔子はお連れの人に振り返って、

「きみたち、子游の言う通りだよ。先ほどのは軽い冗談だったのだ」〈子、武城に之《ゆ》き、弦歌《げんか》の声を聞く。夫子莞爾《かんじ》として笑いて曰く、「鶏を割《さ》くにいずくんぞ牛刀を用いん」。子游対《こた》えて曰く、「昔者《むかし》、偃《えん》やこれを夫子に聞けり。曰く、君子道を愛せば則ち人を愛し、小人道を学べば則ち使い易《やす》しと」。子曰く、「二三子《にさんし》、偃の言是《ぜ》なり。前言はこれを戯《たわむ》れしのみ」〉

『論語』陽貨篇

孔子は普段から礼楽による教化を奨めていたので、子游の治めている小さな町・武城での弟子の活躍ぶりに、つい軽口が出るほど、上機嫌だったのです。ところが、そんな孔子の晩年に度重なる悲劇が襲いかかってきます。

まず、孔子が六十九歳のとき、息子の鯉《り》がなくなってしまうのです。しかし、この鯉は、伋《きゅう》（字は子思《しし》）という子どもをすでにもうけていて、以後現代に至るまで孔子家の家系は続いていきます。現在、家系図の改訂作業が進められているそうですが、収録されている子孫は二百万人を超えているそうです。

さらに、一番弟子の顔回、そして一番気の置けない仲だった子路が先立っていきます。とくに、顔回の死は痛手でした。孔子は、自分が政治家として思ったより成果を挙げられなかった以上、自分の学問の影響による社会変革を期待していました。ところが、その要というべき顔回がなくなってしまったのです。孔子の嘆き方は尋常ではありませんでした。

○顔回が死んだ。孔子は言った。「ああ、天が私をほろぼそうとしている。天が私をほろぼそうとしている」〈顔淵死す。子曰く、噫《ああ》、天、予《われ》を喪《ほろぼ》さん、天、予を喪さん〉『論語』先進篇

○顔回が死んだ。駆け付けた孔子は、我を忘れて激しく慟哭《どうこく》した。従者があとで、「先生があれほど慟哭されるとは」と語ったところ、孔子はこう答えた。「そうか、慟哭したか。だがな、あの男に先立たれたのだ。慟哭したくもなろうではないか」〈顔淵死す。子、これを哭《こく》して慟《どう》す。従者曰く、「子慟せり」。曰く、「慟するあるか。夫《か》の人の為《ため》に慟するに非《あら》ずして、誰《た》が為《ため》にせん」〉『論語』先進篇

礼の決まりでは、こういった場合に慟哭、つまり泣き崩れてしまうのは違反行為でした。しかし、礼の教師であったはずの孔子が礼を踏み外さざるを得ないほど、その衝撃は甚大だったのです。

さらに孔子の晩年には、こんな事件があったと記されています。魯の三桓の一つ叔孫氏が狩りをしていたときに、馬車を操っていた者が不思議な獣を仕留めました。それを見た孔子は、

「麒麟《きりん》だ」

と叫びました。キリンビールのキリンと同じで、ラベルに書いてある、あの獣です。これは古代、聖なる獣とされ、この世に聖なる王があらわれると出現するといわれていました。

孔子は思わず、「ああ、私の道も極まった」と嘆息しました。麒麟が、死骸となって捉えられたということは、今の世には聖王があらわれないことを意味します。孔子は、自分の理想が天から拒絶された、そんな風に感じられたかもしれません。

しかし、こんな晩年の苦難を乗り越えつつ、孔子は七十を過ぎても、自己の向上、自己の改善を止めなかったのは本章でも述べた通りです。まさに、自分を育み、弟子を育むと

いう「仁」を実践してきたのが、孔子の生涯だったわけです。

他の四大聖人と比べてみると

さて、孔子は、釈迦とソクラテス、キリストと並んで世界の四大聖人と称されることがあるのですが、彼の生涯には、他の三人と明らかに違っているところがあります。それは、

一つには、酒が好きで、

二つ目に、人を死刑にしたという記録があり、

三つ目に、子孫をきっちり現代まで残し

四つ目に、離婚を経験したという説があり、

五つ目に、音楽をこよなく愛した。

という五つの要素を完備していることなのです。そう、孔子はあまりに人間くさい聖人でした。そして、だからこそ、われわれが手本とすべき永遠のお手本であり続けているのです。煩悩も欲望も十分持っていて、なおかつ心豊かに、意味深い人生をおくりたい、そんな人間の鏡がまさに孔子であるわけです。

そして、何より象徴的なことは、孔子には死の記録が残されていないのです。他の三人

はいずれも死の瞬間がクライマックスであり、いわば教えが完結した瞬間でした。弟子に看取られて入滅した釈迦、「悪法も法なり」と毒杯をあおったソクラテス、磔になったキリスト、いずれもきわめてドラマティックです。

一方、孔子は、とくにドラマなどなく、ごく平凡に亡くなっていったのでしょう。まさしく偉大なる平凡人、孔子らしい最期だったのです。紀元前四七九年、享年七十二でした。

コラム④　孔子はどんな人柄だったのか

孔子は「万世の師表（永遠のお手本）」と呼ばれ、世界四大聖人（ソクラテス、キリスト、釈迦、孔子）のなかにも入っているので、さぞかしお堅い人物かと思ってしまうのですが、まったくそんなことがありません。

まず、『論語』には、次のようなぶっ飛びの言葉が残されているので、ご覧ください。

○美女を愛するような熱心さで徳の涵養《かんよう》に努めている。そういう人物に私はまだお目にかかったことはない〈吾、いまだ徳を好むこと、色を好むが如《ごと》くがする者を見ざるなり〉『論語』子罕《しかん》篇

この訳、硬く訳していますが、もう少し噛み砕くと、こんな感じになります。

紀元前	年齢	できごと
552	0	魯の昌平郷、陬邑に生まれる
549	3	この頃、父、叔梁紇死去
535	17	季氏の陽貨に饗宴から追い返される
533	19	宋の幵官氏の娘と結婚
532	20	長男・鯉、誕生
525	27	魯へ訪れた郯の君主・郯氏に礼を学ぶ
521	31	この頃、弟子がいたという記録あり
518	34	南宮敬叔と周に留学する／老子と出会う
517	35	魯に政変。君主の昭公とともに斉へ亡命
516	36	斉の景公と会見する
515	37	魯に帰国
505	47	陽貨、孔子を魯に誘う
502	50	公山弗、孔子を叛乱軍に誘う
501	51	中都の長官に任命される
500	52	夾谷の会
498	54	三桓の城塞を攻略するも失敗
497	55	魯を去り、流浪の旅へ／匡で監禁される
493	59	宋の桓魋に襲われる
484	68	魯の季康子、孔子に帰国をすすめる
483	69	長男・鯉死去
482	70	弟子、顔回死去
481	71	斉の君主が暗殺され、孔子、魯の哀公に討伐を進言
480	72	衛で反乱が起こり、子路戦死
479	73	孔子死去。泗水のほとりに埋葬される

※「できごと」の年代には違う説もある。

「男ってスケベだよねー。でも、そんなスケベさほど道徳が好きな奴、見ないねー」

他のソクラテス、キリスト、お釈迦さまだったら、道徳と男のスケベさを比較して語ってしまうようなことは、口が裂けてもやらないでしょう。孔子って、実にさばけたおじさんなんです。

さらに、孔子という人は、弟子を教育するさいにも、自分の考えを押し付けない、そんな話のわかる師匠でした。言葉をかえれば、孔子は「自分を手本としろ」「自分を見習え」とは一切言わなかったのです。これも聖人と呼ばれる人にして、珍しい態度ではないでしょうか。

では、どんなやりとりをしていたのかというと――、

○子貢が、毎月のはじまりに、いけにえの羊を捧げる儀式をやめようとした。それを聞いた孔子は、こう言った。

「子貢よ、お前は羊がもったいないと思うかもしれんが、わしはその儀式がなく

なってしまうのをもったいないと思うのだがなあ」〈子貢、告朔《こくさく》の餼羊《きよう》を去らんことを欲す。子曰く、賜《し》や、爾《なんじ》はその羊を愛《お》しむ。我はその礼を愛しむ〉『論語』八佾篇

お前はそう思うのか、わしはこう思うのだがなあと、あくまで自分の方の意見を淡々と述べるだけなのです。孔子の学園は、この意味で、いろいろな意見や思想が許された自由な雰囲気に満ちていたことがわかる話です。

人情の機微をわきまえた言葉と、自由な学問の雰囲気――こうした魅力あってこそ、二千年以上にわたって『論語』は人気を維持し続けてきた面がありました。ただし彼の弟子たちになると、自由さや融通無碍さは失われ、ストイックで格好良いけど、息苦しい雰囲気になっていく面が出るのは残念ですが……。

また孔子は、音楽や酒が好きで、グルメな面もありました。まず音楽好きを示す一節に、こんなものがあります。

○孔子が斉《せい》という国で、韶《しょう》という音楽を聞いたときのこと、感動のあまり、肉を食べても三カ月間味がわからなかった。

「思いもよらなかった。音楽がここまで素晴らしく演奏されるとは」〈子、斉に在《いま》して韶を聞く。三月《さんがつ》、肉の味を知らず。曰く、図《はか》らざりき、楽を為《な》すことのここに至らんとは〉『論語』述而篇

現代でいえば、一流のオーケストラやロックバンドを聞いて打ちのめされた、もう松阪牛や高級寿司を食べても頭のなかは音楽のことばかり、そんな経験を述べているのです。また、酒に関して言えば、

○酒は量を決めていなかったが、酔いつぶれるほどには飲まなかった〈酒は量なし、乱に及ばず〉『論語』郷党《きょうとう》篇

○酒の席で乱れないことなど、私にはたやすいことだ〈酒の困《みだれ》をなさず、何か我にあらんや〉『論語』子罕篇

と、やはり現代でいえば「おれはいくら飲んでも酔わないぞ」と接待好きの営業部

長が口にするようなセリフを、さらっと述べているわけです。最後にグルメな面ですが、まず孔子はこんな格好良いことを述べています。

○君子は、食べ物や住まいについて、ことさら贅沢を願わず、行動は機敏に、発言は慎重を旨とする、そして、立派な人物を見習って我が身を正すのである〈君子は食飽くことを求《もとむ》るなく、居安《きょやす》きを求るなく、事に敏にして言に慎み、有道《ゆうどう》に就《つ》きて正す〉『論語』学而篇

なるほど、豪邸に住みたい、ご馳走を食べたいなどと思っていては、徳の高い立派な人間にはなれないな、思わずわが身を反省してしまう言葉です。ところが『論語』には、孔子の食生活として、こんな記述もあるのです。

○孔子の食生活――飯はできるだけ精白したもの、膾《なます》はなるべく細かく刻んだものを食べた。飯がすえて味が変わっていたり、魚や肉がいたんでいたり腐っていたりしていると、口にしなかった。色の変わったもの、悪臭を放つものも食べな

かった。また、生煮えのもの、季節はずれのもの、切り方のまずいもの、ソースが料理に合っていないものも、口にしなかった。肉はどんなに多くても、飯より多くとらなかった。ただ、酒だけは別に量を決めてはなかったが、それでも酔いつぶれるほどには飲まなかった。さらに、市販の酒や干し肉は食べなかった。肉には必ずしょうがを添えて食べた。総じて食事の量は少なめであった〈食《し》は精《せい》を厭《いと》わず。膾《なます》は細きを厭わず。食の饐《い》して餲《あい》し、魚の餒《たい》して肉の敗れたるは食らわず。色の悪《あ》しきは食らわず。臭いの悪しきは食らわず。飪《じん》を失いたるは食らわず。時ならざるは食らわず。割正《きりめ》しからざれば食らわず。その醤《しょう》を得ざれば食らわず。肉は多しと雖《いえど》も、食気《しき》に勝たしめず。惟《た》だ酒は量なし、乱に及ばず。沽酒市脯《こしゅしほ》は食らわず。薑《はじかみ》を撤せずして食らう。多くは食らわず〉『論語』郷党篇

みなさん、これをどうお読みになったでしょうか。筆者にはその昔、貧乏だったときに腐ったモヤシを無理矢理炒めて食べて、お腹を壊したという恥ずかしい経験があります。そんな立場からすると「孔子は十分過ぎるくらい食にうるさく、グルメじゃないの」と感じてしまうのですが……。

……………………

思うに、われわれ凡人は、ソクラテスのように「悪法も法なり」と思って毒杯を仰ぐようなこともできなければ、キリストのように右の頬を打たれて、左もどうぞなどとはなかなか言えないわけです。悪法には戦い、暴力を振るわれれば身を守ろうと戦い——そんな人の自然な感情に寄り添った言葉を多く残し、実践しているからこそ、孔子は「永遠のお手本」なのかもしれません。

第五章　『論語』が世界に与えた影響

『論語』は、中国や日本ばかりでなく、東アジアやヨーロッパなどにとてもユニークな影響を与えています。ここでは、各国や各地域の受容のしかたと、その展開を取り上げたいと思います。

日本では、どんなふうに受け入れられたのか

日本に『論語』が入ってきたのは、四世紀末から五世紀はじめの応神《おうじん》天皇の頃だ、といわれています。

朝鮮半島にあった百済《くだら》という国から、王仁《わに》という学者が日本にやってきて、『論語』を持ち込んだという記述が『古事記』や『日本書紀』にあります。以後、厩戸《うまやど》皇子による「十七条憲法」の冒頭に「和を以って貴しと為す」とあるように、『論語』や儒教の教えは、それなりに当時の日本に影響を及ぼしていきました。しかし、それ以上に人気をさらってしまったのが六世紀頃に入ってきた仏教だったのです。

奈良の大仏や、各地の国分寺に端的にみられるように、国家の庇護を受けた仏教が大き

く興隆し、どちらかといえば『論語』はそのカゲに隠れてしまう時期が続きました。そんな『論語』が陽の目を見たのが、ご存じのように江戸時代。きっかけは豊臣秀吉の朝鮮出兵でした。戦いの戦利品として、朝鮮から流れ込んだ大量の書物をもとに『論語』や「朱子学」を学んだのが、藤原惺窩《ふじわらせいか》と林羅山《はやしらざん》という二人の学者。彼らはやがて徳川家康の師となり、その影響もあって江戸幕府は、遅くとも五代将軍綱吉の頃までに、儒教を統治の根幹に据えていきます。

さらに、儒教が江戸幕府の統治原理になったのには、もう一つ当時の日本が抱えていた切実な理由がありました。それは、

「部下に分け与える領地がなかったこと」

日本の戦国時代、まず日本を統一したのが豊臣秀吉でしたが、配下の武将に与える恩賞の土地がないのが一つの理由となって、朝鮮出兵に乗り出します。まさしく「パイのなさ」を、外部に打って出て解消しようとしたのですが、しかし、あえなく失敗。

やがて、その後を襲って覇権を握った徳川家康が導入したのが儒教の教えと、それをベースにした武士道でした。いずれも、

「人は利益など追い求めず、美しく生きてこそ価値がある」

という思想に他なりません。つまり家康はこう考えたのです。

「部下の欲望を満足させられる恩賞の土地がないなら、欲望を満たすことは格好悪いという思想を部下に植え付ければよい」

この思想こそ儒教であり、家康の思惑はズバリあたって、徳川三百年の基礎が築かれたわけです。

実は、この原理から、中国史の栄枯盛衰の理由が説明できる、としたのが筆者の中国史の師である藤高裕久先生でした。面白い説ですので、簡単にご紹介しましょう。

よく「アメと鞭」という表現が使われますが、古今、組織の統治の原理といえば「恩賞」と「罰則」であり、これは中国でも同じでした。

では、恩賞の基本は何か、というと、中国でもこれは土地だったのです。しかし、良い土地には限りがあるので、人口が増えていけば土地が払底し、まともな恩賞が出せなくなります。誰しも、恩賞はちゃんともらえないのに、罰則ばかり厳しい組織は支持しなくなります。こうして各地で叛乱がおきて王朝は倒されてしまうのです。

そして嫌な話ですが、戦乱の時代となり、殺し合いによって人口が減っていきます。そうすると、また土地は余ることになり「恩賞」のストックができるのです。やがて中国を統一した勢力は、その余った土地を恩賞として、うまく政治を機能させますが、土地がなくなるとまた叛乱が起き……。

確かに、中国史の多くは、このパターンでの繰り返しだと読み解くことも可能なのです。しかし、この栄枯盛衰の波に逆らって、前後四百年（前漢王朝から後漢王朝にかけて）の長きにわたって王朝を維持し得たのが漢でした。

実はこの漢王朝でも、武帝の末期、紀元前九〇年頃には同じパイの飽和が起こり、財政が逼迫《ひっぱく》したことがありました。

そこで登場したのが、霍光《かくこう》（?～前六八）という人物。あまり有名ではありませんが、非常に重要な働きをした政治家で、簡単にいいますと「利益だけで人々を満足させるのが難しくなったので、価値観で人々を満足させよう」と考えるのです。

その役目を担わされたのが、いわば「人は美しく生きてこそ価値がある」ととなえる儒教でした。この考え方を、政治の世界や民衆に定着させることにより、人の目を利益から価値観へと逸らせようとしたのです。この試みは、霍光以後も代を重ねながら続けられ、漢王朝の前後四百年にわたる長い統治の礎となっていきます。

そう、ここに徳川幕府の統治思想の雛型があったわけです。

ちなみに、筆者がとある企業でこの話を披露したとき、ある社員の方も、

「そういえば、うちの会社も業績が悪くなってから、『もう給料はアップさせるのが難しいので、理念を持って仕事することを考えよう』みたいなこと社長が言いだしましたよ。同じですね」

と苦笑いしながら言っていました。みなさん、似たような状況で考えることは似通ってくるんですね……。

最初、熱狂的だった欧米、その後は?

さて、続いては欧米の方に目を転じてみましょう。

ご存じない方はびっくりされるかもしれませんが、『論語』は実はフランス革命に大きな影響を与えているのです。

『論語』が最初に欧米に紹介されたのは、フランスのルイ十四世の勅命によって一六八七年に刊行された『中国の哲学者孔子』によってでした。十六名のイエズス会士による『論語』『大学』『中庸』のラテン語訳が、ここに含まれていたのです。

ルイ十四世は、イエズス会士たちを使ってアジア進出の糸口を得たいとの野望を持って、

彼らを支援していました。また、イエズス会士たちも、それを利用してアジアに布教の手を広げ、各地の知的遺産を自分たちの手に集約したいと考えていたのです。

両者の思惑が合致してなった中国文化紹介は、フランスで大反響を巻き起こします。ルイ十六世は中国陶器の収集に熱中し、みずから中国服で仮装したり、またマリー・アントワネットの書庫にも中国古典を紹介した本が収められていたそうです。

そして何より、『論語』や儒教の教えの中身に衝撃を受けたのが、当時の知識人たちでした。啓蒙主義を代表するヴォルテールは、次のように記しています。


人知は支那の政治以上に優良な政治組織を案出することができないに違いない（『東洋社会と西欧思想』島恭彦、筑摩叢書）

また百科全書派を代表するディドロは、

孔子教の簡潔さを賞美し、孔子教の如く、理性もしくは道理のみが人間を治めうべきことを力説（『中国思想のフランス西漸』後藤末雄、平凡社・東洋文庫）

したそうです。

なぜ、ここまで中国古典の思想が大絶賛を受けたのか。

フランスでは長らく、王や貴族たちの悪政が続き、それが民衆や知識人の悩みのタネになっていました。王の権利は、天から授けられたもの、民衆に責任を負う必要などなし――そんな「王権神授説」を振りかざした王側は、民衆への酷い収奪を当たり前のように行っていたのです。

ところが、『論語』や儒教系の古典には、まるで違う原理が書かれていることを、彼らは発見します。

中国では、官吏が「科挙《かきょ》」と呼ばれる試験で選抜され、フランスのように無能な世襲貴族が地位を恣《ほしいまま》にすることがない。また、悪政を行えば、天がその王朝には政治を任せられないとの診断を下す。そのあらわれが、民衆の叛乱なのだ――この「革命」という概念が、一七八九年からのフランス革命の思想的バックボーンとなっていたのです。

しかし、この中国熱は、実はあっという間に冷めていきます。後にイエズス会以外の宣教師や商売人が中国を訪れると、フランスで賛美されている姿とはかけ離れた、ずるくて汚い中国一般庶民や商売人の姿が明らかになっていきます。この報が本国にもたらされると、熱狂の反動で急激な落胆が襲ってしまいました。

以後、『論語』や儒教の教えが、西欧の主流において高く評価されることは、ほとんどありませんでした。『孫子』や「タオイズム」が欧米で大人気なのに比べると、面白い対比を形作ってもいます。

たとえば英語には、

「Confucius says.（孔子がいいました）」

という表現があります。これは、続いて「当たり前の内容のこと」を「大袈裟」に「文法をわざと間違えて」言って、場の笑いを取ったり、ふざけ合ったりするための枕詞なのだそうです。これを説明してくれたカナダ人の女性は、孔子を馬鹿にする意図はまったくないと言い添えていました。でも、一般的なイメージや扱いとして、ギャグのネタに使う程度の対象でしかないのも事実なんですね……。

ただし昨今、風向きが変わったのかこんな記事が出たりもしています。

イギリス政府は小中学校に孔子の思想を取り入れ、普及することを計画している。海外メディアの報道によると、ジム・ナイト学校・児童担当閣外相は、学生たちの成績を向上させるために、中国古代の哲学者の思想をイギリスの学校に導入することを望んでいるという。ナイト氏は、イギリスの学生たちが中国語を勉強できる学校に入り、東洋の聖人の思想を学ぶべきだと話しており、イギリスの関連部門は、孔子の知恵を伝えるプランを起草した。

訪中後にナイト氏は、イギリスの教育に関する改革計画についてこう語っている。

「孔子は私たちが抱えている教育問題に答えてくれるだろう。中国文化や孔子からは様々なことを吸収することができ、孔子が言っているように、知識を学ぶ過程で時間をかけて思考しなければならない。学習は知識を身につけ、教育や家庭を敬うことを知る過程だ。こうした状況がイギリス文化の中にも現れることを願っている」(チャイナネット、二〇〇九年二月二五日)

一時の流行で終わるのか、定着した流れになるのか、これは注目すべき動向になるのかもしれません。

最も影響を受けた東アジアの現在

日本をはじめ、中国、韓国、台湾、香港、ベトナム、シンガポールといった国々では、いまだに『論語』や儒教の影響が残っているといわれています。ここでは、そのなかでも東アジアにある三ヵ国——日本、韓国、中国の特徴的なトピックをご紹介しましょう。

◇日本の場合

まず日本ですが、度々触れてきたように、家族や地域社会では影響が薄れているかわりに、会社には色濃く残っているといわれています。

日本資本主義の父であった渋沢栄一は、「論語と算盤（倫理と利益のよいバランス）」を唱えて熱心に活動していましたし、歴代首相の指南番として知られる漢学者・安岡正篤《まさひろ》も、戦後日本の経営トップに『論語』や儒教を叩き込んだりしていました。この意味で、日本の経済界と『論語』には、昔から太い絆が続いているのです。

また年功序列賃金や、松下電器（現パナソニック株式会社）が昭和恐慌の際に原型をつくったといわれる終身雇用制度は、「実力で成果を上げていく組織」を作るというより、儒教的な「安定した家族のような組織」を作るのにより向いてもいたわけです。

また、そこまで大きな話でなくとも、中小企業の社長さんには現代でも、「社長はお父さんで、社員は子供たち」といった「家族主義的経営」の考え方をとる方が少なくありません。こうした経営のあり方や企業文化を見て、ドラッカーはこんな指摘をしています。

「和」の精神こそ、この五十年間に今日の日本を築き上げた方々、私が四〇年前の初訪日以来したしくさせていただいた方々と、その同僚の方々の偉業だった（『明日を支配するもの』P・F・ドラッカー、上田惇生訳、ダイヤモンド社）

確かに、「実力で成果を上げていく組織」の比重の高いアメリカ文化にいたドラッカーから見れば、日本企業は、儒教的な「和」の見事な実践者として映ったことでしょう。

でも、そんな家族主義的企業から通勤ラッシュに耐えて帰宅すると、地域社会も家族も何だかバラバラ――それが、とくに日本の都会の姿だったりします。

この状況を一言でいえば、

「男中心の社会組織では、まだ『論語』や儒教の影響が残っている」と言えるのかもしれません。『論語』って、現代的な視点でいえば、男性しか発言していない、ちょっと偏った内容でもありますから……。ただし現役の若い夫婦を見ますと、とくに経済基盤が安定しやすい好景気の時期、昔のように会社一辺倒ではない、「家族回帰」の傾向があらわれたりもするようです。

◇韓国の場合

さて続いては、お隣の韓国。ここは、三ヵ国のなかで最も儒教が色濃く残っています。その象徴が、「姦通罪」の存在でしょう。この法律は戦前、浮気した奥さんのみ一方的に罰せられる形で日韓で施行されていたのですが、戦後すぐに日本の方は廃止――一説には当時、おめかけさん持ちの国会議員が多かったからだといわれています――、韓国は、一九五三年に男性の不倫も裁く改正をして、存続しているのです。まさしく、儒教における「家族主義」の本義を貫こうとした真面目な韓国、男性の事情を優先したご都合主義の日本という対比が生まれているんですね。

また、同じ意味で「男系血統主義」や「男尊女卑」も根強いといわれ、「目上の人の前では煙草を吸わない」「年配者と乾杯をするときは、自分のグラスを必ず低くする」「年配者の前でお酒を飲むときは、口元を手で隠す」といった礼儀が今も欠かせません。

『孟子』という古典には、

○父と子の間には「親しみ」がある。君主と臣下の間には「大義」がある。夫婦の間には「分け隔て」がある。年上と年下には「序列」がある。友人同士には「信頼」がある〈父子、親あり。君臣、義あり。夫婦、別あり。長幼《ちょうよう》、序あり。朋友、信あり〉『孟子』滕文公上《とうぶんこうじょう》

とありますが、この身分秩序的な発想が、そのまま文化として残っている面があるんですね。

◇中国の場合

最後に中国ですが、現在、共産主義の体制をとるこの国と『論語』や儒教とは、そもそも相性の悪い面があります。なぜなら、『論語』とは、古き良き時代に帰ろうという「保

守的」「封建的」「時代逆行的」な思想を色濃く持っているからです。

一方の共産主義は「人は平等で、理性の力で進歩していけるし、未来に素晴らしき理想世界を実現できる」と基本的に考えているので、方向性が真逆なんですね……。

さらに一九六五年から一九七六年まで、中国では「文化大革命」という一般民衆を巻き込んだ権力闘争が起こりました。その過程で、人は「共産主義」の考え方に忠実であるべきという主張が荒れ狂い、『論語』や孔子は政治的な批判の対象となってしまうのです。「封建的」「時代逆行的」な考え方を学ぶのはけしからんと批判され、孔子の遺跡なども、随分と破壊されたりしました。

ところが、こんな風向きが変わり始めたのが、二〇〇〇年を過ぎた頃からでした。

一九九二年、鄧小平が「改革開放路線」をさらに推し進める方向に舵を切り、経済に資本主義が導入されます。この結果、現在では世界有数の経済大国に中国は躍進していったのですが、しかし同時に、国内外で問題になったのが、どうも中国ビジネスには倫理が欠けるという点。

中国と取引をしている中小企業の社長さんに話を聞くと、「騙された」「ひどい目にあった」という経験を口にしない方が少ないくらいで、契約違反や犯罪行為はいわば常態化しているわけです。

しかし、これではマズイと当の中国人も考え、倫理を取り戻す術はないか、ということで復活したのが『論語』だったのです。伝統的な倫理の力で、無法状況を収束させようと考えたんですね。

今では、文化大革命で弾圧されていたはずの『論語』が、学校で当たり前のように学習されていますし、その入門書は数千万部のベストセラーともなっています。二〇〇八年の北京オリンピック開会式が、

○習ったことを、折りに触れておさらいし、しっかりと身につけていく。なんと喜ばしいことではないか。志を同じくする友が遠路もいとわずたずねてくる。なんと楽しいことではないか〈学びて時にこれを習う、また説ばしからずや。朋あり遠方より来たる、また楽しからずや〉『論語』学而篇

という『論語』劈頭の一節で始まったのは、その象徴のような出来事でした。

また、こういった表面的な『論語』の栄枯盛衰とは別に、中国にはその影響が色濃く残

っている面があります。それが、「家族主義」「宗族主義」重視の姿勢。

つまり、中国人は「自分たちの身内だ」と認めた人には徹底的に親切にするのですが、そうでないと「何をしてもいい他人」という範疇に入り、ひどい目に遇わされてしまうことがあるのです。先ほどの中国との取引で騙された社長さんの多くは、「身内と思われていなかったから」という面が強いんですね。一章で取り上げた「仁」の問題点に通じてくるわけですが、「身内を守る」のが何よりの中国人の倫理になるわけです。

では、一体どれくらいで身内と認めてもらえるのか。最低でも十年は見ておいた方が良さそうです。パッと進出してすぐに美味しい果実が手にできる――中国とは、そんな甘い環境ではないことだけは確かなようです。

なぜ、『論語』には注釈が多くなったのか

さて、最後に『論語』のユニークな特徴を取り上げてみましょう。

中国は、古代になまじ『論語』や『孫子』『孟子』『荀子』『大学』『中庸』といった素晴らしい学術を輩出してしまったため、独創的な新しい説をたてるよりは、古典に新たな光を当てることの方が意義深いという風潮が長く続いてきました。『論語』にある、こんな

言葉の影響もあったのでしょう。

○過去を勉強することによって、現代に対する洞察を深めていく。こういう人物こそ指導者としてふさわしい〈温故知新《おんこちしん》、以って師たるべし〉『論語』為政篇

○祖述はするけれども創作はしない、これが私の態度である。なぜなら、伝統のなかにこそ優れたものがあると確信しているからだ〈述べて作らず、信じて古《いにしえ》を好む〉『論語』述而篇

孔子のような聖人に「何より伝統や過去を勉強する」「創作はしない」と最初に言われてしまうと、後世の人間としても「新しいものはやりにくいなあ」となりますよね……。

このため最大の遺産の一つ『論語』にも、われこそはという研究者が注釈をつけまくり、その数は軽く千を超えているといわれています。もちろん今まで誰もとなえていない解釈でないと、目新しいものになりませんから、ある種、珍説奇説のオンパレードという面もあります。

ちなみに「子」というのは、男子に対する尊称で、簡単にいえば「先生」のこと。だから、孔子や、孫子、孟子、荀子といった中国の思想家は、それぞれ孔先生、孫先生、孟先生、荀先生になるわけです。面白いことに、古代は尊称をつけた名前を、書名にすることが多かったんですね。

ですから、そのまま書くと人名と書名が区別できなくなってしまうので、書名の方を『孟子』といったように二重括弧に入れることで、分けたりもしています。

参考図書（本文で引用したもの以外）

『新編 論語の人間学』守屋洋　プレジデント社
『論語』貝塚茂樹訳注　中公文庫
『論語』木村英一訳注　講談社文庫
『論語』上・下　吉川幸次郎　朝日選書
『論語』金谷治訳注　岩波文庫
『論語と孔子の事典』江連隆　大修館書店
『礼記』上・中・下　竹内照夫　明治書院　新釈漢文大系
『中国思想史』上・下　森三樹三郎　第三文明社　レグルス文庫
『中国古典の名言録』守屋洋・守屋淳　東洋経済新報社
『中国哲学問題史』上・下　宇同　澤田多喜男訳　八千代出版社
『先秦の社会と思想』高木智見　創文社
『貝塚茂樹著作集』全十冊　貝塚茂樹　中央公論社
『中国古代の生活史』林巳奈夫　吉川弘文館
『史記』一―十　中華書局
『マネジメント 務め、責任、実践 I―IV』ピーター・ドラッカー　有賀裕子訳　日経BP社

【著者】
守屋淳（もりや あつし）
1965年東京都生まれ。早稲田大学第一文学部卒業。大手書店勤務後、中国古典の研究に携わる。雑誌連載、講演などを数多く行うほか、［本］のメルマガ、［書評］のメルマガを創刊。主な著書に『最強の孫子』『活かす論語』（共に日本実業出版社）、『孫子・戦略・クラウゼヴィッツ』（プレジデント社）、『「勝ち」より「不敗」をめざしなさい』（講談社）などがある。

平凡社新書489

「論語」に帰ろう

発行日――2009年10月15日　初版第1刷

著者――守屋淳

発行者――下中直人

発行所――株式会社平凡社
東京都文京区白山2-29-4　〒112-0001
電話　東京（03）3818-0743［編集］
東京（03）3818-0874［営業］
振替　00180-0-29639

印刷・製本―株式会社東京印書館

装丁――菊地信義

ISBN978-4-582-85489-3
NDC分類番号123.83　新書判（17.2cm）　総ページ216
平凡社ホームページ　http://www.heibonsha.co.jp/

平凡社新書　好評既刊！

003 日本の無思想　加藤典洋
なぜ、日本で思想は死ぬのか。「タテマエとホンネ」に籠絡された敗戦後を抉る。

325 三国志人物外伝　亡国は男の意地の見せ所　坂口和澄
『三国志』の多彩な群雄の事績と人物像をテーマごとに生き生きと描き出す。

353 『武士道』を読む　新渡戸稲造と「敗者」の精神史　太田愛人
危機の時代にこそ『武士道』は甦る！　新渡戸の精神の深みから主著を読み直す。

385 論理と心理で攻める人を動かす交渉術　荘司雅彦
百戦錬磨のカリスマ弁護士が、本当に使える交渉術を惜しみなく伝授する！

403 南京事件論争史　日本人は史実をどう認識してきたか　笠原十九司
明白な史実がなぜ問題とされるのか。否定派のトリックを衝く、論争の全経過。

404 人の力を引き出す　コーチング術　原口佳典
なぜコーチングは人間関係に効くのか？　その理由と活用例の数々を紹介する。

405 アウトローの近代史　博徒・ヤクザ・暴力団　礫川全次
幕末維新から昭和の戦後まで、アウトローと権力の関係に着目した異色の近代史。

408 こころの病気の誤解をとく　藤本修
うつ病、統合失調症、パーソナリティ障害の俗説を検討し、実像を正しく伝える。

平凡社新書　好評既刊！

412
47都道府県の名門高校
藩校・一中・受験校の系譜と人脈
八幡和郎 CDI
現代の名門高校を紹介するとともに、藩校や旧制中学からの歴史と人脈を探る。

413
超巨大旅客機エアバス380
杉浦一機
ジャンボをはるかに上回る「空飛ぶ豪華客船」は、空の旅をどう変えるか？

418
昭和史の一級史料を読む
保阪正康 広瀬順晧
昭和史研究の第一人者と史料発掘の専門家が「史料の表裏」を縦横無尽に語り合う。

424
「日本は先進国」のウソ
杉田聡
国民が豊かさを感じられなくても、日本は「先進国」と言えるのだろうか？

428
中国ビジネスはネーミングで決まる
莫邦富
中国でいかに消費者をつかむか。ブランドネーミングから見える意外な日中関係。

436
伝説の日中文化サロン　上海・内山書店
太田尚樹
日中激動の時代に、上海・内山書店で育まれた両国文化人の交流群像を描く。

437
後期高齢者医療制度
高齢者からはじまる社会保障の崩壊
伊藤周平
非情な「姥捨て山制度」に苦しむ高齢者の姿は、未来の我々の姿なのか。

440
白川静
漢字の世界観
松岡正剛
漢字の世界を一新させた白川静の学問・思想・生涯に迫った初の入門書。